オクテ女子のための恋愛基礎講座

アルテイシア

幻冬舎文庫

はじめに

恋愛は選挙じゃない！
モテとマッチングは別物です

この本を手にとった皆さんは「彼氏がほしい」「結婚したい」と（多かれ少なかれ）思っている人たちでしょう。

私の周りにも「恋愛願望や結婚願望はあるのに、彼氏いない歴を絶賛更新中の女子たち」がいます。彼女らは見た目や性格やコミュニケーション能力に問題はない、どころか「モテそうなのに」「普通に彼氏できそうなのに」と周りに言われ「理想が高いんじゃないの？」と決めつけられる人々です。

そもそも「モテそうなのに」「普通に彼氏できそうなのに」という発想が間違っている。不特定多数にモテたからといって、好きな人と付き合えたり、自分にピッタリの伴侶と結ばれるわけではありません。それに今や恋愛や結婚は「普通にできるもの」でもありません。特にガンガンいけないオクテ女子には受難の時代。

私は女子校出身なのですが、母校の同窓会に行くと「昔遊んでた元ビッチ」は結婚していて「身持ちが固く恋愛経験も少ない、ひと昔前なら良いお嫁さんになりそうと呼ばれたタイプ」が独身。

古《いにしえ》のビッチと言えば、肉便器・ズベ公といった凄惨なイメージがあったけれど、現代のビッチは「恋愛やセックスを積極的に楽しむ肉食系女子」というイメージ。独身男性の4人に3人が「自分は草食系だ」と答える現代日本では、そんなビッチが俄然《がぜん》有利。経験豊富な彼女らは、30歳前後で結婚向きの男をガッチリ捕まえクロージングしている。それゆえ狩りが苦手なオクテ女子は「あれ、気づいたら周りにマトモな独身男が1人もいないぞ？」と首をかしげるハメになる。

美人で性格が良くてもオクテで受け身だと結婚できないのが、21世紀の日本の現実。だからといって、オクテ女子に「ビッチになろう！」と言うのは無茶な話。人には生まれつきの性格があります。であれば、女子力アップに励んでモテ系女子を目指すべきか？　というと、それも正しくない。

私もかつては「女子アナみたいなキャラになるべきか？」と血迷った時期がありました。が、そんなの8回ぐらい転生しないと無理だと悟った。人は自分以外の人間にはなれないし、自分以外の人間になろうとするとメンタルがやばくなる。

当時の私も合コンさしすせそ的なものを実践しながら（さすがですね！　知らなかった！　すごーい！　センスいい！　そうなんだ〜！）**「こんなことしなきゃモテないなら、死んだ方がマシだ」**と思っていました。それに死ぬ思いでモテテクを使ったところで、そんな安い技に釣られるのは所詮ザコ。どうでもいい男を釣っては「私がほしいのはザコとは違うのだよザコとは、うわーん!!」と慟哭《どうこく》していた二十代。

そんな拾う骨も燃え尽きるような時代を経て伴侶に巡りあった私は、真実に気づきました。

「恋愛は選挙じゃない、モテとマッチングは別物なのだ」と。

私は多数の票を集めたいんじゃなく、自分にピッタリの「1票」がほしかった。不特定多数にチヤホヤされたいんじゃなく、たった1人の本命と結ばれたかった。もちろん「こんなにモテる私ってスゴイでしょ♡」とツイッターで自慢したいわけでもなかった（というか当時はツイッターがなかった）。私が望んでいたのは、モテじゃなくマッチングだった……皆さんもそうではないでしょうか？

にもかかわらず「多数の票を集める＝男受けする女にならねば」とプレッシャーに押し潰されたり、「王道モテ系になれない自分はダメだ」と自信を失い、本来の魅力をすり減らしていませんか？　そんな女子たちに私は言いたい。「みんな、政権与党を目指さなくていいんだよ！」と。たった1人の支持者、愛し愛される伴侶さえいれば人は幸せになれるのだから。

そのために必要なのは「みずから選ぶ」という姿勢。「この人となら幸せになれる」と思える男を選んで、その1人と結ばれるために努力する姿勢。けれども「私なんて選べる立場じゃないし」と自信がないために動けなかったり、自分にどんな男が合うかわからなかったり、いざチャンスがきても恋愛に発展させる方法を知らなかったり……それで立ち往生するオクテ女子は多いもの。

恋愛はキノコ狩りに似ています。経験豊富な恋愛上級者は、ベテランのキノコ狩り名人。けわしい森の中で多種多様なキノコに遭遇し、美味しそうなキノコを食べたら毒があって死にかけたり、見た目はグロいが滋味溢《あふ》れるお宝キノコを発見したり……その結果、キノコの見極め方や狩り方を学んできた。

一方、経験の少ないオクテ女子はキノコ狩りの素人《しろうと》。いざ森に入ってもどこにどんなキノコが生えているかわからないし、キノコの見極め方や狩り方もわからない。そんな女子が自分にピッタリのキノコを手に入れるには、名人から教わるのが一番。

ここで少し自己紹介を。今では恋愛作家・恋愛コラムニスト等、しゃらくさい肩書きをもつ私ですが、出自はコンプレックスをこじらせまくった喪女でした。女子校から共学の大学に進んだ当初は男子とどう接していいかわからず、放送事故のように沈黙を貫いたかと思えば、渾身《こんしん》の自虐ギャグを放って血が凍るほどスベるなど、「挙動不審なブス」を絵に描いたような存在だった。そこから四苦八苦して見た目やコミュ力を向上させ、どうにか恋愛可能になったものの、今度は「ピッタリの1票」に出会えず七転八倒しました。というか五十七転五十八倒しました。

恋愛の戦場で地雷原に迷いこみ木っ端微塵《こっぱみじん》に吹き飛ばされ、ビームライフルで射撃されて蜂の巣になり、全身に矢を受けて立ったまま立ち往生……どの時代の戦争かよくわかりませんが、とにかく何度も傷つき死にかけては「まだだ、まだ終わらんよ！」と再生して、59番目の恋愛で今の夫に出会ったのです。

それから10年の月日が流れて私は40歳になり、作家活動と結婚生活も10年を越えました。その間、オクテで不器用な男女に向けて恋愛・結婚コラムや悩み相談コラムを書き続け、何万通ものメールを戴いてきました。その中には「初めて恋人ができました」「初めて付き合った人と結婚しました」等、嬉しい報告も多数ありました。

またプライベートでもお見合いババア的な活動を続けて、何組かのカップルを成立させました。実は**メールのやりとりで仲良くなった男性読者と女友達を引き合わせ、ご成婚に至ったケースもあります**。我ながらなぜこんなに世話焼きなのか首をかしげますが、頼まれてもないのにアメちゃんを配る関西のオバハンのＤＮＡも理由の１つでしょう。でも最大の理由は、自分が夫と結婚するまでに血ヘドを吐く思いをしたので、少しでも力になりたいからだと思います。

ちなみに巷《ちまた》の恋愛本や婚活本を読んで「こんなの私には無理」「これができる人はとっくに彼氏がいるんじゃ？」と感じる人は多いでしょう。あれ系の本はそれなりに恋愛経験のある中級者以上に向けて書かれており、初心者にはハードルが高すぎる。本書は恋愛経験ゼロの自称喪女や高齢処女にも実践できる内容になっています。

もちろん恋愛や結婚をすることが正解でもないし、人生の価値でもありません。周りを見ても、同世代の独身女子たちは楽しげにシングルライフを送っています。某結婚相談所の『結婚できない人をゼロに』という広告に「消されると思った」との声が上がりましたが、三十代前半女性の3人に1人が独身の昨今、結婚のプレッシャーも昔ほどは強くない。ひと昔前は「いい年した娘が嫁にもいかずみっともない、恥だ」と消されかねない勢いでしたが、経済的に自立して友人もいて趣味もある彼女らは「べつに結婚しなくていいじゃない」と周りにも言われています。

が、「結婚しなくていい、と自分で選んだわけじゃないからさ」と本人たちは言います。「選択的シングルじゃなく、なしくずしシングルだから。今の人生も悪くないけど、結婚も出産もする別の人生もあったかもと想像すると、もっと頑張っとけばよかったと思う」「一生独身で子どももいらないと自分で決めたわけじゃないから、モヤモヤが残るんだろうね」と語る彼女ら。きっと自分で選んだ道なら、どんな道でも後悔なくスッキリと進めるのでしょう。

「結婚」さえできればいいなら、男受けのみを追求して、男の望む理想像を演じればいい。でも結婚した後も人生は続くし、その後の方が人生は長い。私も恋や仕事にドンづまり「誰でもいいから結婚したい！」とトチ狂った時期もありました。生きるのが辛くて、自分の人生を誰かに丸投げしたかった。でもあの時「誰でもいいから」と結婚に飛びついても離婚していたでしょう。自分を殺して他人に合わせ続けるなんてできないし、それは私にとって一番不幸な状態だから。

現在、3組に1組が離婚すると言われています。つい先日も知り合いが離婚したのですが、原因は不妊治療に関するすれ違い。男性側の検査なんて紙コップにピュッと発射するだけなのに、夫は「なんで俺が検査なんか受けなきゃいけないんだ」と拒否したそう。一方、39歳の時に10歳年下の夫と結婚した女友達は、不妊治療の話をした際「僕が原因かもしれないし、まずは僕が検査を受けるよ」と夫に言われたんだとか。その話を聞いて「エエ旦那を選んだなあ……!!」と友人一同涙しました。全米は泣かなくても友人一同は泣きますよ。

一生のパートナーが誰でもいいはずがありません。数多《あまた》の男の中から「たった1人」を選ばないといけないから難しい。にもかかわらず、恋愛本や婚活本の多くは**「どうすれば男に選ばれるか?」ばかり書いていて「どういう男を選ぶべきか?」は書いていない。**そこがもっとも重要なポイントなのに。

「どういう男を選ぶべきか?」を突きつめると「自分にとっての幸せは何か?」というテーマに行きつきます。『みんなちがって、みんないい』と金子みすゞの詩にもあるように、人はみんなそれぞれ違うのだから、幸せのカタチも人それぞれ。にんげんだもの。これはみすゞじゃなくみつをか。

それでは、あなたにとっての幸せは？　あなたが本当にほしいものは何？　何を捨てられて何は捨てられないのか？　その優先順位は？　と聞かれても「え、ちょっと待って」ってなりますよね。かつての私もなってました。「ちょっと待って、そういうことちゃんと考えたことなかった」って。

自分でほしいものがわからなければ、手に入れようがない。そんなの当然の話なのに、考えていない人は多い。過去の私もそこがちゃんと整理できていなくて、とっちらかった状態でした。そのとっちらかりを整理すれば、本当にほしいものが手に入ります。そのために、本書を役立てていただければ幸いです。

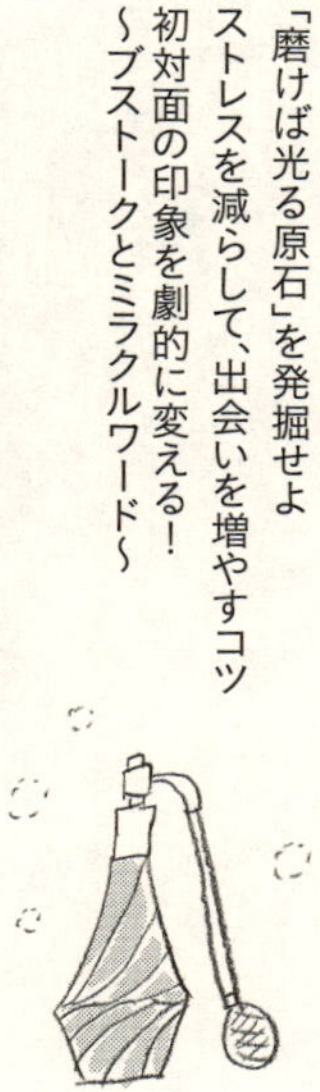

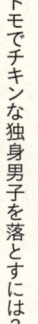

TSUCHINOKO DRIVE

第一章　自信がない！

脱コンプレックスのための「コスプレ作戦」

「はじめに」でも書いたように、恋愛は選挙ではありません。多数の票を集めるんじゃなく、自分にピッタリの1票を手に入れたい。不特定多数にチヤホヤされるんじゃなく、たった1人の本命に愛されたい。そう思っているなら、必要なのは「みずから選ぶ」姿勢。「この人となら幸せになれる」と思える男を選んで、その1人と付き合うために努力する姿勢……なのですが、ここで問題になるのが「私なんて選べる立場じゃないし」という自信のなさ。自信がないから積極的になれない人もいます。また積極的になろうと行動しても、コンプレックスに足をとられてうまくいかないケースも多い。

自分を否定的に見る人はマイナス評価がクセになっていて、他人も減点法で見てし

まいがち。それに自分に自信がないと、好きになってくれる男が現われても「こんな私を好きになるなんてレベルが低いんじゃないの？」と相手を見下してしまいます。また「この人、私のこと勘違いしてんじゃないの？」と好意を素直に受け取れなかったりとか。

「好きになられるとキモい」と言う女子は多いけど、それは相手がキモいんじゃなく、自分がキモいから。**心の底に「こんなキモい私を好きになるなんてキモい」という心理があったりする。**もちろん本気でキモい男・問題外の男もいますが、「ただの友達や同僚の時はよかったのに、告られたとたんキモくなった」と拒絶する女子も多いもの。それでは、いつまでたっても幸せになれません。

そして自己評価の低い女子は「自分なんかを評価しない男」「自分なんかに手の届かない男」に惹かれがち。それで不毛な片思いを繰り返すならまだマシで「自分を見下して雑に扱う男」「都合よく利用しようとする男」に引っかかり、不倫・セフレ・だめんずといった落とし穴にハマる女子も多い。その穴の中で傷つきつつ「これを逃すと二度と男に選ばれないかも」と執着・依存してしまい「私なんて大事にされなくて当然、所詮その程度の女なんだ」とますますコンプレックスをこじらせる……という悪循環。

そんなこじらせ残酷物語のヒロインにならぬために、ぜひとも自信をつけていただきたい。自信をつけるために一番手っ取り早いのは、**いっぺんモテてみること。**

モテは目的じゃなく手段です。モテとは不特定多数のザコにチヤホヤされることであり、「ピッタリの本命と結ばれる＝マッチング」とは別物。我々が目指すべきは、モテじゃなくマッチング。けれども「私なんて喪女だし、選べる立場じゃないし」とコンプレックスをこじらせたままだとマッチングが難しい。よって自信をつけるための手段として、モテを経験してみましょう。

ここで少し私の話を。「はじめに」でも触れましたが、かつての私は壊滅的にモテない喪女でした。オギャーと生まれた瞬間から太っていて、小学校の騎馬戦では馬、組体操では土台。昔のアルバムを見返すと、四季折々のデブが写っていて切なくなります。女子校時代は通りすがりの男子集団から「見ろよ、あのデブ」と笑われ、道を歩くのも怖かったし、コンビニの男性店員にもビクつく有様でした。その後、共学の大学に進んだものの異性とどう接していいかわからず、緊張して黙りこんだりテンション高くしゃべりすぎて引かれたり。コンパや飲み会では壁のシミのごとく扱われ、コンプレックスは深まる一方でした。

異性にモテるのは、自信と余裕のある男女です。「自分はモテる」という自信があるため堂々と自然な態度で振る舞えて、その余裕がますますモテにつながる。モテがモテを呼ぶ現象ですね。一方、自信も余裕も皆無だった私は、異性の前でビクビクしていました。そんな生粋《きっすい》の喪女があることをキッカケに変わったのです。

そのキッカケとは、自己啓発セミナーに通ったとか伝説の剣を手に入れたとかじゃなく、**見た目を変えたこと**。

大学入学当初の私はシノラーファッションをしていました（シノラーを知らない若者はグーグル先生に聞いてね）。妖怪人間ベムのTシャツにランドセルを背負って首からワニのぬいぐるみをぶらさげる、「そんなチンドン屋みたいな女、モテるわけねーだろ！」と過去の自分に放火したいが、当人は**「こんな私の個性をわかってくれる**

男と付き合いたい」と真顔で願っていた。が、わかってもらおうにも異性と会話すらままならない。

追いつめられた私は「見た目を変えよう」と決意しました。当時はJJファッション全盛期で、梅宮アンナの劣化版みたいな女が街に溢れていた。で、私もとりあえず真似てみた。ちなみにダイエットもしたけどまだまだぽっちゃりゾーンで、体や顔といった素材じゃなく、パッケージ（服装・髪型・メイク）を変えたのです。すると男の態度が一気に変わりました。

それまで壁のシミだったのが、道でナンパされたり、コンパや飲み会でチヤホヤされるようになった。もちろん、そんなの大半がヤリ目的です。私も一瞬「モテてる？」と錯覚したけど、すぐに「こいつらヤリたいだけだ」と気づいた。でも人生で初めて異性に言い寄られる経験をしたことで、自信と余裕が生まれました。そのうち「男にも脳みそチンポじゃない、マトモないい奴もいる」と気づき、彼らと対等に付き合えるようになった。その結果、男友達もできて、初めての彼氏もできました。

見た目を変えるのは、メンタルを変えるよりも手っ取り早い。なにより周りの視線や態度が一気に変わるため、短期間で自信がつく。そんなわけで、皆さんもモテ系のパッケージにしてみてはいかがでしょう？　**あくまでコスプレ感覚で。**

私も魂まで赤文字系に染まったわけじゃなく、中身はサブカル・オタク寄りのままでした（愛読書はＣＵＴｉＥや宝島）。中身をモテ系に変えろと言われても無理だしイヤだけど、パッケージなら変えてもいいと思いませんか？　その具体的な変身方法はＰ２０２で解説します。

繰り返しますが、モテは目的じゃなく手段です。モテ系のコスプレでバーとか行くと男が声をかけてきて、そんな安いモテでもいっぺん経験すれば「単なるパッケージの問題かよ」「モテとはザコにチヤホヤされることで、好きな人に好かれるのとは別物なのだ」と気づくはず。すると、モテのくだらなさを実感できます。過去の私は**「モテとは特別な才能であり、自分には生まれつきそれがない」と思いこんでいました。**が、モテのくだらなさを知って特別視しなくなったことで、コンプレックスから解放されたのです。

ちなみに私の場合、ＪＪ系からビッチ系にエスカレートした時期もありました。関西人魂か、ヒョウ柄のキャミワンピなど着るようになり、すると男に性的対象として見られまくって「案外、不快なものだ」と実感しました。ニヤけた男に胸元を覗《のぞ》かれて「見てんじゃねえ、クソが！」とムカついたりとか。

これもある意味、良い経験でした。というのも自称喪女や高齢処女の中には「自分は一生男に欲情されないのでは？」と不安を抱き「誰でもいいから処女を捨てたい」とヤっちまう人もいます。べつにヤっちまうのはいいけど「体を求められてる一瞬だけは女として価値があると思えるの」みたいなことを言いだして、自分を雑に扱うセフレに依存したり、下手するとネガマン（ネガティブなヤリマン）化したりする。

これはよろしくないので、ビッチ系のコスプレをして「性的対象として見られたい」から「性的対象として見られるとウザい」に変わるのは、場合によっちゃアリです。まあビッチ系はリスクも伴うので、基本はモテ系のコスプレを推奨しますが。

「男に選ばれる＝女としての価値」と他者に価値判断を委《ゆだ》ねていたら、永遠に苦しいもの。呪縛を解くための通過儀礼として、コスプレにトライしてください。

ちなみに過去の写真を見返すと、ヒョウ柄のキャミワンピを着た私はアダモちゃんにそっくりでした。そんなペイッと踊り出しそうな女でもモテは経験できます。アダモちゃんを知らない若者はグーグル先生に聞いてください。

喪女卒業の5つのカギ
「準備・妄想・単独行動・テンション・アドバイザー」

異性に口説かれる人と口説かれない人の一番の違い。それは**「心の準備」**があるかないか。自信のない女子は男から食事に誘われると「単にご飯を食べるだけ」と考えます。一方、自信のある女子は「この人、私に気があるのかな？」と考えます。後者は口説かれる準備があるため、相手もアクションしやすい。「単にご飯を食べるだけ」と思ってる女子を口説くのは「えっ、私そんなつもりじゃないのに」「またまた〜冗談でしょ？」と返されそうでハードルが高いから。

自信のない女子は「まさか自分が口説かれるわけない、女として魅力もないし」と思っている。でも**魅力がないから口説かれないんじゃなく、本人が魅力がないと思っ**

ているから口説かれない。おまけに「口説かれる？　ハッ、図々しい。なに調子乗ってんだ自分、勘違いしてんじゃねーよ！」と長いセルフツッコミが入るし、ヘタに期待して傷つくのがイヤだから「ないないないない絶対ありえない！」と己に言い聞かせてしまう。それが異性に対する壁を作っているのです。「口説くスキがない」とも表現されるやつですね。

私も口説かれるつもりで行ったら単にご飯を食べるだけで終了し「自意識過剰だなオイ！」とセルフツッコミした経験は数知れず。**でも自意識過剰だからといって銃殺されるわけじゃないし、そんな己を笑い飛ばせばいいのです。それに、何事も慣れが大きい。**私も期待してダメだったら一瞬ヘコむけど、もう慣れっこだから「しゃあねーな！」とすぐに立ち直る。人間、ヘコんだって死にません。ヘコむのを恐れて期待しない方がチャンスを逃して損ですよ。

というわけで**「口説かれちゃうかも〜キャハ♡」と図々しくなりましょう。**「口説かれちゃうかも〜キャハ♡」と口に出して何度も唱えるうちに、真の図々しさが身につきます。

似たような話ですが、自称喪女から「異性に女として見てもらえない」という相談をよく受けます。そのたび「それは自分が相手を男として見てないからだよ」と返す私。知り合いに、美人で性格もいいのにモテない女子がいます。男性陣に「なぜ彼女を口説かないのか？」と問うと「向こうが俺のことを全然そんな目で見てないから」とのこと。自分が相手を恋愛やセックスの対象として見ていなければ、相手は「いや俺はキミを女として見ている、恋愛やセックスもしたいさ！」とは表明しづらい。よって変えるべきは視点、喪女卒業の**2つめのカギは「妄想」**です。

自称喪女は「私はセクシーじゃないし」と言うけど、男にセクシーな目で見られないんじゃなく、自分が男をセクシーな目で見ていない。一方、経験豊富な女子は「この人とセックスできるかな？」「セックスしたらどうだろう？」という目でつねに男を見ている。

そして男は大概のことに鈍感なくせに、そのセンサーにだけは敏感で「性的信号」を察知します。「この子、俺のことを性的対象として見てる？　ひょっとしてヤれるかも？」とドキドキすることでスイッチが入る仕組み。ただし「確実にヤれる信号」を出すとナメられるので**「ひょっとしてヤれるかも信号」を出すのがベスト。その信号を出すカギが妄想です。**

私は気になる異性がいたら、その人とヤってる場面をリアルに妄想してました。するとだんだん本気でヤったような気になるのです。その状態で相手に会うと「私たちあんなこともこんなこともした仲じゃない」と恋人同士のような空気が発生して「そういう雰囲気」になる。一方、オクテ女子は男といてもカラカラに乾いた空気になりがち。そこに湿度やエロスを加えるため、生理的に無理な男じゃなければ「この人とセックスしたらどうだろう？」と脳内で犯しましょう。オクテ女子が自分が主役のリアルな妄想をするのはキモいでしょうが、**キモさの壁を越えて、キモさの向こう側に行ってください。**そこに行けば、男に口説かれない状態から脱します。女性向けＡＶ等で生身のからみを観察すると、よりリアルに妄想できてオススメ。

3つめのカギは「単独行動」。口説かれる女子はバーでよく1人飲みとかしています。バーには女と話したい、女を口説きたい男性客が一定数いるため、練習場所にはもってこい。モテ系のコスプレでイイ女プレイのつもりでカクテルでも頼み「このお店よく来るんですか？」と男に話しかけて脳内で犯しまくる。これはオクテ女子にとって最高のエクササイズになります。

ここで「1人でバーに行ったことないし」と女友達を誘っちゃいけませんよ。**女友達の前だと、いつもの面白キャラになっちゃうから。**私も女子校出身なので、女友達の前だと全力で笑いに走ります。イイ女ぶってる自分など「そんなみっともない姿、見せてたまるか！」とプライドが許さない。だから男女でカラオケに行っても「容赦はしないぜ～つっぱりとおすぜ～♪」と『土俵の英雄』を絶唱します、腰を落として張り手のポーズで。要するに、男にモテるより女に受ける方が嬉しいのです。そういう人は盛り上がりたい時は女だけで盛り上がって、恋愛面では単独行動した方がいい。

とはいえつまらない会話に耐えられず、つい面白いことを言いたくなる。その時のカギは**「テンション」**です。**面白い女はモテないと言われますが「テンション高すぎる女」がモテないのです。**

女同士の女子校ノリとは前のめりにトークして両手をバンバン叩いて笑う、ひな壇芸人的なノリ。自虐・毒舌・下ネタもぶっこんで、ギャースカ盛り上がるのは最高に楽しい。でもそれは場を選んでやるべきです。逆の立場で考えてください。コンパや飲み会で、やたらテンション高くて男同士の内輪ノリで盛り上がる男性陣に対して、冷めませんか？「自分たちが盛り上がりたいだけで、こっちに興味ないんだな」と思いますよね。

「俺は女に笑わせてほしいんじゃない、女を笑わせたいんだ」と言うのは肉食系のヤリチンです。ヤリチンじゃないマトモな男子は、女を笑わせるスキルなどないと自覚しているため「面白い女の子っていいよね」「笑わせてくれる彼女なんて最高だよ」という意見が実は多数派。よって面白さを隠すのではなく、芸風を広げましょう。

私がお手本にしたのは、笑福亭仁鶴《しょうふくていにかく》師匠のトークでした。淡々と落ち着いた口調で面白いことを言うのが仁鶴トーク。かつての私はひな壇芸人のようにワーッと早口でしゃべりまくり、戦慄《せんりつ》するほどモテなかった。でも面白くてもモテる女子もいて、その違いは口調とテンションだと気づきました。また、**親しくなる前に自虐・毒舌・下ネタをぶっこむと「卑屈・意地悪・デリカシーがない」と誤解されがち**なので「くすっと笑えて共感できる面白エピソード」等で笑いをとれるようネタ帳を作るのもオススメ。女同士の場ではひな壇トーク、異性のいる場では仁鶴トークと使い分けられるよう、芸風を広げてください。

最後に、**5つめのカギは「アドバイザー」**。

初心者がピッタリのキノコを見つけるには、ベテランのキノコ狩り名人にアドバイスをもらうのが一番。というわけで、皆さんもアドバイザーを探しましょう。その際は、**同世代だけじゃなく年上の既婚女性も候補に入れてください**。

既婚者は恋愛のリングから引退した身なので、サポート役に専念できます（既婚者主催のコンパや紹介の成功率が高い理由もこれ）。かつ引退した立場の方が、第三者的な視点で冷静に男を見極められる。私も自分が辛い恋をしていた時代は、女友達のだめんず相談に「好きならしかたないよね……」と答えてました。でも今は「腹ペコで餓死しそうなのはわかる、でもそれは食べたらあかんキノコや！」とズバッと言える。

特にアラフォーの元ビッチはアドバイザーにピッタリです。数多の失敗を経験したうえでの意見をくれるし、そういう女は恋愛相談に乗るのも好きなもの。かつアラフォーになると、若い子が自分の産んだ子どもに見える現象が起こり、やたらと世話を焼きたくなる。私もアラフォーの友人たちと「最近、若い子を見てると可愛くて涙が出てくる」「母性を持て余してるのか？」「はたまた更年期？」と言い合ってます。「結婚したいけどご縁がなくて、相談に乗ってもらえませんか？」と言えば、世話焼き母さんのようにサポートしてくれますよ。

「独身女は女同士でいるのが楽しすぎて男を必要としないがゆえに独身なのだ」という指摘があるけど、女ネットワークを有効に活用することもできます。たとえば女子校育ちは幼なじみのように育つため、大人になっても喪女とビッチが仲良し。ビッチ組は異性交遊が得意なのでコンパや紹介もしてくれるし、恋愛相談にも乗ってくれます……と我田引水で恐縮ですが、私も過去に何組かカップルを成立させました。

一例としては、彼氏いない歴＝年齢だった女友達に大学の同級生を紹介しました。「マジメでいい奴だし会ってみる？　超巨根だけど」と。私がその巨根を入れたわけではなく、飲み会でザコ寝していた時に朝勃ちを目撃して「どえらいビッグマグナムや……！」と息を飲んだのです。その後二人は付き合うことになり、ビッチ組が集まってブレストが行われ「初めてがアレはキツいぞ、どうする？」「呼吸法で痛みを逃すのはどうだ」と案が出て、友人はそのアドバイスに従いヨガの呼吸法を研究しました。そして初体験の後「どうにか入った！」と報告メールがきて「ビッグマグナム作戦、大成功や〜！」とハイタッチした友人一同。

数年後、二人の結婚式で我々のテーブルは「うおーめでたい！　マグナムワッショーイ！」と海賊の宴になっていました。ちなみに彼女は出産の際「痛みの逃し方が上手い」と看護師さんに褒められたんだとか。先日2人目も生まれて、こちらも天に宝を積んだ気分で幸せをわけてもらっています。

オクテ女子はビッチに偏見や苦手意識があるかもしれませんが、一度話してみてください。キャラや属性は違っても話が合えば友達になれるのが、女同士の良さなのだから。

小悪魔テクは不要！「自分＝モブキャラ」の呪いを解く

「恋愛本のモテテクを素直に実践できる人は非モテに悩まない」が私の持論です。

かつての私も恋愛本を読んでは「こんなのできるか！」と思ったし「できない自分はやっぱダメだ」と絶望していました。そもそも恋愛本の著者は元売れっ子ホステスさんや元モデルさんなど、子どもの頃からモテてきたであろう天然美女が多い。小泉進次郎に選挙で勝つ方法を説かれるように「もともと持ってるモンが違うわ！」と言いたくなるのです。

モテる人がモテるのは、モテてきた実績ゆえの自信と余裕があるから。それをもたない非モテ男子がヤリチンのテクを模倣しても「キモい男」になるのは、女子はご存じかと思います。

女は男ほど脳みそがシンプルじゃないので「モテテクを模倣する自分はキモいのでは？」と事前に考えます。私も小悪魔本の「男に可愛く甘えるテク」等を読んでは、こんなの自分がやってもキモいだけだし、何よりやってる本人がキモくて耐えられないと思いました。だって自分はヒロインじゃなく、冴えないモブキャラとして生きてきたから。

私は乙女ゲーの脚本や原作も書いていますが、現実の自分はヒロインのように振る舞えません。客観カメラが作動して「何やってんだ自分ｗ」とセルフツッコミが止まらないし、「甘い台詞《せりふ》キタｗｗ」と脳内ツイートで草が生えまくり、茶番に思えてしまうから。モブキャラとして生きてきた私はヒロインになりきれない。一方、天然モテの美女は子どもの頃から「可愛い女の子」として扱われ、自分はヒロインだと信じて生きてきたのでしょう。私はモブキャラの呪いゆえに恋愛面で大変苦労したので、その立場からアドバイスしたいと思います。

恋愛には**「モテないと言うたびモテなくなる法則」**があります。
女同士で集まると、いかに自分がモテないかを競い合う非モテ自慢大会になりがち。あとすっぴんブス自慢とか腹肉ヤバい自慢とか足クサい自慢とか……まあサイバーエージェントに勤める女子などは違うのでしょうが、私の周りはそうです。だって男にモテるより女に受ける方が嬉しいから。しかしこれも場所を選ぶべきで、男の前で非モテ自慢はやめましょう。

自分はモテないと宣言するのは「私は不人気商品です！」と宣伝するようなもので、誰も買わなくなるから。男は特に「みんながほしがる人気商品をゲットしたい願望」があるため、モテない女＝手に入れる価値がない女だと判断します。よって「モテるでしょ」と言われたら「そんなことないですよ」とサラッと笑顔で返せばいい。相手も深い意味はなく適当に言ってるんだから。ここで「モテませんよ！　モテるわけないじゃないですか！　どれぐらいモテないかというと」と無駄に非モテ自慢するのはやめましょう。無駄どころか100％SONかもね！だから。加齢臭のするネタですみませんね。

モテないと言うたびモテなくなる理由に、サブリミナル効果もあります。

脳科学の実験で、映画館のスクリーンにほんの一瞬「ポップコーンが食べたい」という文字を映したら、売店のポップコーンの売上が跳ね上がったんだとか。人間に認識できない一瞬の映像でも無意識に影響を与えるのがサブリミナル効果。すなわち「言霊《ことだま》」には科学的根拠があるのです。だから**「自分はモテない」「ブスだ」「不幸だ」と口に出すと潜在意識に刷り込まれてしまう。**

また、脳には「行動と感情を一致させて辻褄《つじつま》を合わせようとする働き」もあるんだとか。惚れた女に貢ぐ男性がいますが、これは「惚れたから貢ぐ」のではなく「貢ぐから惚れる」らしい。「これだけコストをかけたのだから、自分は相手をすごく好きなのだ」と脳が認識するそうな。つまり非モテ発言や非モテ的な行動を繰り返すと「こういう行動するってことは、やっぱり自分はモテないんだ」とどんどん刷り込まれてしまう。

つまり非モテな行動は非モテマインドを育てるのです。逆にモテる行動をすることでモテマインドも育ちます。少し前に『スリム美人の生活習慣を真似したら1年間で30キロ痩せました』という本が提唱している「なりきりダイエット」が流行《はや》りました。それと同じで、モテる人の行動を取り入れてみるのも効果的。先述したように、モテ系のコスプレでバーに行ってイイ女っぽく振る舞うとか。バーでも趣味のイベントやオフ会でも、**知り合いのいない場所、普段のキャラを意識せずにすむ場所でモブキャ**

ラを脱いでみるのはオススメ。あと、ちょっと酔っ払うのもオススメ。酔っ払うと客観カメラが弱まって、いつもと違う自分になれるから。

「恋愛するには自分を変えなくちゃいけない」と考える女子は多いけれど、根こそぎ変える必要はないのです。というかそんなの無理だし、そんなことしたら本来の魅力まで消えてしまう。「これなら試してもいいかも」と思うことをできる範囲でやっていけば、非モテのモブキャラの呪いが解けていきます。「私にはこんな服似合わない」「私にはこんな行動似合わない」といった縛りを減らす方が、恋愛に限らず、人生を自由に生きやすくなりますよ。

かくいう私も「自分はお笑いキャラだ」「男っぽいキャラだ」と決めつけつつ、心の底では「本当の私を好きになってほしい」と望んでいました。本当の私は弱くて繊細で寂しがりやで……という乙女心があったのです。でも本当の私なんて、恋愛関係になってみなきゃわからない（というか現実は一緒に住んでみなきゃわからない）。だからまずは恋愛可能になるため、キャラに縛られるのをやめましょう。

そもそも人間とは多面的で、1人の人間の中に男らしさも女らしさもあれば、強さも弱さもあり、黒い感情もあれば清い感情もある。そんなふうにカラフルだから人間は面白い。「私は○○色だ」と決めつけず「いろんな色が混ざりあって私なんだ」と考えてください。

私は「元プロレスラーの北斗晶さんが現役時代、マイ竹刀《しない》入れを手作りしていた」というエピソードが好きなのですが、北斗さんはプロレスも手芸も好きで、自分の好きなことをしていただけ。男らしいとか女らしいとかじゃなく、北斗さんらしいということ。プロレス好き＝男らしい、手芸好き＝女らしいというのは、世間が決めた価値観なのだから。

自分は女らしくないと決めつけると「女モードの自分がキモい」をこじらせて、女性性を認めづらくなります。私も不特定多数の前で女モードになるのはキモいけど、夫の前では女性性を解放しています。思う存分、甘えたりイチャイチャしたりとか。「こんな姿、他人には見せられねえ」と思うけど、それはみんなそうでしょう。女友達も「彼氏と2人でいる時の自分は誰にも見せられない、ニャンニャンじゃれあってる姿とか見られたら憤死する」と言います。人前でそれをやると、公共の場でイチャつくイタいカップルになってしまいますしね。

私は夫に甘えてから「ほな仕事に戻りまっさ！」と切り替えるのが、ベストなバランスで心地いい。世間から男らしいと言われている男性も、パートナーの前では甘えたり赤ちゃんプレイしたりしてバランスをとっているのでしょう。公私のギャップがない人などいないし、皆それぞれ使い分けている。「好きな人には甘えたい」「イチャイチャしたい」「可愛いと言われたい」といった欲求は誰もがもっているし、それに蓋をし続けるのは疲れるもの。「自分らしくあること」と「女であること」は両立するので、女性性を受け入れつつ、メリハリをつけて生きるのがベストです。

小悪魔本の提唱する甘え上手な女にならなくていいし、誰彼かまわず甘える女は年とったら色ボケババアと呼ばれる。ただ自分が甘えたい相手には素直に甘えられる方が生きやすいので、「この人になら甘えたい」と思える相手を見つけてください。多様な自分を受け入れて「私にもこんな面があったんだ」と発見を面白がってくださいね。

明日からできる！
自分に自信をつける4つの方法

自信がないと恋愛がうまくいきづらいと再三書いてきましたが、とはいえ自信満々な人などめったにいないし、「自分ってスゴイ！」と思ってる人は周りから「あの人、イタい！」と思われているもの。自己評価は高すぎても低すぎてもよろしくない、孔子も中庸《ちゅうよう》が大事だと説いていますし。**ちょうどいい自信は「自分ってスゴイ！」じゃなく「ま、悪くないな」と思えることでしょう。**「ダメなところもあるけどイイところもあるし、そう悪くないんじゃないの」ぐらいがちょうどいいバランス。

けれども、他人と比べているとなかなかそう思えません。他人より自分が劣っている点ばかり目について、コンプレックスをこじらせてしまったり。また他人と比べる人は他者評価を気にしすぎて、自分で自分にマルをつけられないもの。他人のモノサシなんてバラバラであやふやなのに、それに振り回されるのはバカらしいと思いませんか？　と書くと「いや思いますけど、もうクセになっちゃって」という人もいるでしょう。思考はクセなので、自覚して直そうとすれば直せます。その方法をいくつか紹介します。

□SNSを控える

ツイッターやフェイスブックを見ていると「他人は皆、成長や気づきを得ながら丁寧な暮らしをして仲間に感謝しながら充実した日々を送っている」と錯覚しがち。私などは「6時に起床、朝ヨガしてから季節の果物とヨーグルトをいただきました」系のツイートを読むと「コーラックのCMかよ！」とつっこみます。あと男どものデキるビジネスマンアピール（「LAでのタフな出張から帰国、ふう」みたいな）を読むと「どんだけイキりちらかしとんじゃあ!!」と全身全霊でつっこむ。あとキラキラ女子の「私はいつも男の人に姫扱いされるんだけど、みんなはそうじゃないのかなぁ？」系のモテ自慢に「そういうこと書いて恥ずかしくないのか、キミすげーな！」と感服しながらつっこむ。

一方、素直でマジメな人は「それに比べて自分は……」と落ちこむかもしれません。でもああいうのは「私の人生はこんなに素晴らしい」と宣伝する広告と同じなので、真に受けずスルーするかツッコミを入れましょう。

またSNSにハマると「他人にどう見られるか」という思考パターンが染みついてしまい、他者評価に振り回されるクセも直りません。自分で自分をいいね！と思うことが大切なのに、いいね！の数が少ないと不安になったりとか。**そういう人は一度、携帯をもたずに旅行してみれば「案外いけるものだ」「こっちの方がラクだし楽しい」と気づくかもしれませんよ。**

□関西のおばちゃんを飼う

私もかつては、他者評価を気にして自信をもてない地獄の住人でした。その地獄があまりに辛かったため**「知らんがな」「どうでもええわ」をログセにすることにした。**言霊効果とは絶大で、その2語を唱えるうちに本気でどうでもよくなってきたのです。こうして私は正真正銘の図太い関西のおばちゃんになりました（アメちゃんポーチも携帯してますよ）。

関西のおばちゃんキャラを脳内に1匹飼っとくと便利です。他人の言葉にヘコんだ時も「知らんがな、あいつが何言おうが関係あらへん、どうでもええわ」と自分のかわりに言ってくれます。私のように悪口は最高のデトックスと考えず罪悪感を抱く人は、おばちゃんに悪口を言ってもらいましょう。また、だめんずにふらっとなった時も「あかんあかんやめとき、しょうもない男やんか！」とズケズケ言ってくれるし「やっぱり好きかも……」と思いつめた時も「アホか、そなもん錯覚や！」とつっこんで「あんた今寂しいだけや、風呂でも入って寝え」と世話も焼いてくれます。

このおばちゃんはいつでもあなたの味方です。他人や世間のことはクソミソに言うけど、あなたのことは絶対に否定せず褒めてくれる。「あんたはほんまええ子やなあ」「頑張ってるやないの、それだけできてるんやから立派やわ」というふうに。**自分で自分を褒めるのが苦手な人は、脳内のおばちゃんに褒めてもらいましょう。**自分の中にどんな時も味方でいて肯定してくれる存在をもてば、人は強くなれますよ。

□トラウマを吐き出しまくる

「子どもの頃から親に褒められず否定され続けたせいで自信がない」といった悩みをよく頂きます。親との関係が原因で自己肯定感をもてない人は多いもの。

私も毒親育ちなので、母が亡くなった時はホッとしました。と書くと「なんてひどい娘だ！」「親に感謝しないなんて何事だ！」と四方八方から石が飛んでくる。「もう火山の噴火に怯《おび》えずにすむ」という気持ちは、似たような経験をした人にしかわからないから。

親子関係で苦しむ人がまずすべきは、物理的に距離をおくこと。すると噴石や火砕流を避けられるし、「親も不完全な1人の人間にすぎない」と俯瞰《ふかん》して見られます。それをしたうえでトラウマを吐き出しましょう。**マイナスな記憶や感情は1人で抱えているとどんどん膨らんでいきます（記憶や感情に蓋をしていても、何かの拍子に溢れてしまうことも多い）**。よってどこかで吐き出す必要がありますが、SNSで吐き出すのはやめましょう。「親に感謝しないなんて」系の説教や「子を愛さない親はいない」系の一般論を返されたり、「癒してあげるよ」とクソみたいな奴が寄ってきたり「カマッテちゃんと思われた？」と自分が気にしたりで、ろくなことがないから。

一番オススメなのは、**似たような経験をもつグループのオフ会や掲示板で吐き出すこと**。そこなら「親が死んでホッとした」等も毒親あるあるで理解と共感を得られるし「この話、自分でも飽きてゲップが出そう」ってぐらい吐き出せば「なんかもうどうでもいいや」って気になってくる。それが呪縛から解放されるということ。私はA

C系の本を読んだことで生きづらさの原因がわかってスッキリしたので、書物から入ってみるのもオススメです。

□スピリチュアルを控える

関西に恋愛成就で有名な寺があります。「その寺に参ったら結婚できた」という話を聞いた知人が「私もあのお寺に何度も行ってるのになんで？　神様って不公平！」と言っていてびっくりしました。いや仏教は神様じゃなく仏様だし……じゃなくて「そういう神頼み・他力本願な姿勢がダメだと考えないのか？」と驚いたのです。

スピリチュアルは時として思考停止を招きます。「この石さえ買えば願いが叶う」と信じると、自分の頭で考えなくなる。「この教えさえ守ればモテる」的な霊感商法っぽい恋愛商法もありますね。冷静に考えれば男も女も人それぞれ違うし、相手の性格や状況や関係性もさまざまなのだから、万人に効く恋愛テクなど存在しない。でも何かにすがっている時は冷静に考えられないもの。

周りを見まわしても、**自分で考えて動く人が幸せになってます**。そういう人は「自力でどうにかしよう」という姿勢で、現実を見つめて知恵を絞って失敗から学んでみずからを救います。そんなふうに「自力本願グセ」をつければ本当にほしいものがわかるし、自分で選んで自分で決められるようになる。その積み重ねによって、揺らがないホンモノの自信が身につきます。

かくいう私も寺は好きで、先月も京都の東寺に行ってきました。東寺の帝釈天《たいしゃくてん》が股が痺れるほど好みだから（象に乗ってるナイスガイ、ガチョウに乗ってる梵天《ぼんてん》というナイスガイもいます）。

縁結びのお守りを買うより、股が痺れる仏像を探して「あんな男と付き合いたい！」とモチベーションを上げる方がオススメ。

おせんべいの片割れに出会う
「香水瓶」と「一本釣り」の法則

「承認のコップ」という話があります。自分で自分を認めている人は、承認のコップが8割方満たされているため、他者からの承認をガツガツ求めない。その余裕が魅力となって他者からますます承認されて、コップはつねにいっぱい。一方、自分を認められない人はコップの中身が少なくて不安だから、必死で他者承認を求めてしまい、その態度が重いと引かれたり支配系の男につけこまれたりする原因となる。私も自信がなかった若い頃は、引かれたりつけこまれたりの地獄絵図でした。そこから時が流れ、関西のおばちゃんになった私は「香水瓶の法則」を唱えています。

全ての女性には、その人が本来もつ「オリジナルのいい香り」がある。それは香水瓶の蓋を開けないと出てこないため、「自分には魅力がない」と蓋をしたままだと本来の香りを好む男に出会えない。かつフェイクの香りをまとっていると、フェイクに釣られるザコばかり引き寄せて本命を逃してしまう。

かつての私は「そのままの自分はモテない↓自分を偽ってモテキャラを演じなければ」と考えていました。が、私が演じたところで三級品にしかなれないし、それに釣られる男も三級品でした。少しのモテでもほしくて撒《ま》き餌《え》をしても、無駄モテするだけでザコしか釣れない。本命は底引き網漁ではなく、一本釣りしなきゃいけない。そもそも漁の仕方が違うのです。

幸せな結婚生活を送る友人たちと**「伴侶って、おせんべいをパキッと割った片割れ**

だよね」と話します。**おせんべいの片割れとは、相手に合わせて自分を削らなくてもピッタリ合う人。**もちろん歩み寄りや話し合いは必要ですが、無理して自分を削ってカタチを変える必要はない。そんなことを続けていたら、すり減って粉々に砕けてしまう。

おせんべいの片割れと出会いたければ、**その人本来の魅力で勝負する「一本釣り」で挑むべき。**

友人のK子は38歳で婦人科系の病気が発覚したのを機に「子どもがほしい……!!」という声が腹の底から轟《とどろ》いたんだとか。その後、彼女は十代の頃から大ファンだった某アーティストとの仕事をねじこみました、「彼と結婚できないかな」と狙って。「あつかましいわ！」と友人一同つっこみましたが、なんと彼女はそのアーティストのマネージャーさんと結婚したのです。

K子はぶっちゃけ美人じゃないし性格もガラッパチ系。結婚の決め手を尋ねると「私も旦那も大の酒好きで『こんなに酒の強い奴と結婚したら楽しいだろう』とお互いに思った」とのこと。もし彼女が「あんまり飲めないんです～」と男受けキャラを演じていたら、絶対にマッチングしなかった組み合わせです。

世の中には「酒がアホみたく強い」という香りに惹かれる男性もいます。K子は香水瓶というよりも一升瓶な人物で、日本酒を爆飲みする姿は海賊船の船長のよう。眼帯に片手フックがハマりそう。そんな彼女も結婚してすぐ年子でポンポンと2人産み、〈自分の半分の年のママ友がいます〉とメールをくれます。子煩悩な夫と子どもたちに囲まれ幸せそうなご様子。

本来オクテだった彼女が幸せをつかんだのは、「子どもがほしい」「一緒に子育てするパートナーがほしい」と自分のほしいものが明確になったからでしょう。**K子いわく「この人の子どもを産みたいか」じゃなく「この人と子どもを育てたいか」という基準で男を見たんだとか。**

自分のほしいものがわかっていないと、手に入れようがありません。けれども「彼氏いないのがコンプレックスだし、周りも結婚して焦るし、老後も不安だし、世間のプレッシャーもあるし、親も安心させたいし、孫の顔も見せてあげたいし……」とこんがらがってる人も多い。こんがらがった思考を整理して「自分が本当にほしいものは何か？」を考えてください。ときめく恋がほしいのか？　既婚者の肩書きがほしいのか？　子どもがほしいのか？　生涯のパートナーがほしいのか？

結婚すれば不安がなくなるというのは錯覚です。子どもの教育や親せきづきあいや夫の親の介護といった問題も出てくるし、夫が転勤やリストラや病気になるかもしれない。むしろ結婚によってリスクや背負うものは増える、という現実を踏まえたうえで「どんな人生を送りたいか？」をイメージしましょう。

その際は「老後」と飛躍するんじゃなく、5年刻みでイメージしてください。**今30歳の人なら、35歳・40歳・45歳・50歳……と、その時の自分がどんな生活をしていたいか考えてみる。お花畑的ゆるふわ未来予想図じゃなく、マイナス面もプラス面も含めてリアルに。**

それで「やっぱり結婚したい」と結論が出たなら、どんな結婚がいいのか？　どんな相手とどんな関係を築きたいのか？　そのために今何をすべきか？　と具体的に考えてください。たとえば「家族を大切にする夫と安らげる家庭を築きたい」のであれば、どういう男を選ぶべきか見えてきます。そこがハッキリ明確になれば「私が選ぶべきはこの男じゃない」と判断もできるようになる。

そして思考を整理する時は**「書いて残す」**が基本です。書くことで考えがまとまるし、人の記憶力はあてにならないので記録しないと忘れるから。記録したファイルに『わくわくキノコ探検隊』とかテキトーに名前をつけて、パソコンに保存しましょう。「一緒にいて楽しい人がいいな～」とゆるふわ発言しているうちに、あっという間に鬼籍《きせき》に入るお年頃になっちゃいます。今すぐパソコンを開いて、ファイルを新規作成してくださいね！

第二章　出会いがない！

「磨けば光る原石」を発掘せよ

魅力的な独身女子は多いのに、なぜ魅力的な独身男子は少ないのか問題。その答えは、残念ながら魅力的な男子の絶対数が少ないから。

企業の新卒採用担当者は口をそろえて「性別関係なく採用できるなら、全員女子を採用する」と言います。「女子の方がコミュ力も会話力もバランス感覚も優れてるし、見た目もちゃんとしてるから」と。たしかに人の目を見て話せなくて服もヨレヨレで眉毛ボッサボサみたいな女子はめったに見かけないが、男子は結構見かけます。

婚活パーティーの主催者も「女子の方が男子よりレベルが高い」と、**女高男低**の傾向を証言していました。なぜそんな傾向になるのか？　**それは、男は見た目やコミュ力を磨かなくてもいい時代が長かったからでしょう。**ひと昔前まで、男はいい学校に入っていい会社に入れば結婚できた。女が経済的に自立するのは困難だったため、女にとって「結婚＝就職」だった。そして女は学歴や年収があっても結婚相手として選ばれないので、せっせと女子力（見た目やコミュ力）を磨いてきた。そりゃ男女のレベルが開いて当然でしょう。

新卒採用担当者は「優秀な男子学生は早い段階で大企業に青田刈りされてるから、多くの企業が『採りたい男子学生が残ってない』と嘆いてる」と言います。婚活も同様、数少ない魅力的な男子はさっさと刈られてしまうため、「結婚したい男がいない」と嘆く女子が世に溢れている。

それに、ひと昔前とは経済や社会状況も違います。現在、三十代未婚男性の正社員率は55%。25歳～34歳の都内未婚男性で年収600万円以上はたったの3・5%。これが地方だと年収400万円以上で2・6%まで下がるんだとか。きわめて少数のハイスペック独身男子に若い美女たちが群がるのだから、どんだけレッドオーシャンだって話です。

ここまで読んで、せちがらい現実にHP《ヒットポイント》が削られまくったかもしれません。しかし亡者になるのはまだ早い。**ブルーオーシャン＝「現在非モテなオクテ独身男子」の中にも、魅力的な男子は存在します。**その中からマッチングする本命を探せばよい。そのためには、完成型を求めないこと。プロデューサー視点で「磨けば光る原石」を発掘しましょう。

まず、見た目はいくらでも磨けます。「服装と髪型を変えたら見違えた」的な変身企画はテレビや雑誌でもよくあるし、ダサい彼氏が彼女プロデュースで雰囲気イケメンに変わるのもよくある話。うちの夫もデートに全身迷彩服で現われて、ショック死しそうになりました。なぜ迷彩服なのか問うと「茂みに隠れるため」と返ってきて「お、おう……でもデートの時はやめとこうや」と説得。

このようにこだわりゆえにダサい男もいますが、基本は無頓着ゆえにダサい男がほとんど。よって服屋や美容院に連れ出して「似合う！　カッコいい！　キミこそスターだ！」と褒めちぎれば、彼氏も「へへ、そうかな？」とその気になりますよ。

続いては、会話について。女を楽しませる会話のできる男＝女慣れしたモテ男なので、独身で残っているのはヤリチンのみ。マトモな男と付き合いたければ「楽しませてほしい」という受け身な姿勢は捨てて、「楽しみを提供される側」から「楽しみを創造する側」にチェンジしましょう。楽しい時間を作れる女になれば、男にとって「一緒にいて楽しい人＝本命」になります。

口下手でもじっくり話すと面白い男子は結構います。そんな男子を発掘するコツは、インタビュアーのように話を引き出すこと。**単なる聞き上手ではなく引き出し上手を目指しましょう。**口下手な人でも好きな分野については話せるので**「最近ハマってるものは？」「子どもの頃や学生時代にハマってたものは？」**と質問するのがオススメ。男は「自分の知らない分野は話せない」と考えますが、女は知らない分野でも「それってどういうこと？」と質問できます。そんなふうに質問されると「興味をもって聞いてくれてるって、こんなに嬉しいんだ……！」と感動に震える男は多いもの。それでオナニートークをぶっぱなし絶頂に達する男もいますが、**ちゃんと会話のキャッチボールを心がける男もいます。そういう男こそが発掘すべき原石。**

会話する際は相手の話に興味をもって、ニコニコ楽しそうに聞いてあげましょう。

私も昔は「男に愛きょう振りまくなんてまっぴら！　カーッペッ」と痰《たん》を吐いてまし

たが、同性同士でもそんなふうに聞いてもらうと嬉しいもの。愛きょうのある女子、表情やリアクションの豊かな女子と話してると楽しいし、多少ブスでも可愛く見える。皆さんも周囲の愛きょうある女子を観察して、表情やリアクションを学んでください。

そして忘れちゃいけないのが、**自分もリラックスして楽しむ姿勢。**「男受けキャラを演じなきゃ、素の自分は出さないようにしよう」とか思ってると、誰と話していても楽しくない。素の自分で勝負する＝一本釣りの法則を思い出して、のびのびとオープンマインドでいきましょう。適度にアルコールを入れてリラックス＆テンションUP効果を狙うのもオススメ。新規の男と会う時は茶碗にどぶろくを注いでグイッと飲み干し「レッツパーリー!!」と叫ぶと勢いがつきます。

ジオングも未完成のモビルスーツで、脚などただの飾りでした、といっても大半の読者はわかりませんね。とにかく完成型の男を求めずに、未完成な男を育てましょう。

「そんなの面倒くさいです、大佐！」と訴えたいでしょうが、**女は育てゲーが得意、男はバトルゲーが得意だと言われます。**たまごっちにハマっていた女友達に「エサやりや散歩が面倒じゃない？」と聞くと「その面倒くささが楽しいの、世話することで愛情が深まるのよ」と返ってきました。そんなわけで、男を金のたまごっちだと思って育ててください。

ストレスを減らして、出会いを増やすコツ

ネットを開けば婚活の広告が飛び込んでくる昨今、「もう勘弁してくれ!!」とノイローゼ気味の方もいるでしょう。女友達は「90歳の祖母にまで『婚活しないの？　今は女の人から動かないと結婚できないんでしょう』と言われた」と嘆きます。それどころか「父の死後、70歳の母が熟年婚活パーティーで彼氏を作って、ノロケ話を聞かされるんです……」という声もありました。アラ古希《こき》まで婚活に励む世の中で、アラサーの女友達は「結婚したけりゃ婚活すべきだって、言われなくてもわかってるんですよ……」と肩を落とします。**「わかってるけど、『駅で本を落として拾ってもらう』的な自然な出会いに憧れるんです」**という彼女に「じゃあ駅で本を落としているの？」と聞くと「落としてません」とキッパリ返され「落としてない本をどうやって拾うんだ、一休トンチ話か！」とつっこみました。

でも彼女の気持ちはわかります。苦手分野は頑張ろうと思っても頑張れないもの。だったら**なるべく頑張らなくてすむよう工夫しましょう。**たとえば私は機械が苦手で、パソコンを買い替えるのとか死ぬほど面倒くさい。「おまえ物書きだろ、パソコン壊れて困るのは自分だろ！」と己を叱咤《しった》しても「でも面倒くさいし」と苦手意識が勝つ、というか圧勝してしまい、古いパソコンを使い続けていたらAのキーが壊れました。Aが壊れると仕事になりません。パもキャも打てないし、アルテイシアすら打てない。そんなわけで女友達に買い物に付き合ってもらい、パソコンを選んでもらいました（その後のデータ移行や接続なども全て外注した）。「でも夫選びは友達に頼めないし婚活は外注できないし、話が違うでしょ」と思うかもしれませんが、例えば**「婚活友達」**がいればストレスはぐっと軽減できます。

□婚活友達を作ってみる

独身時代、私はコンパや婚活パーティーは必ず女友達と一緒に参加しました。すると「なんでお金と時間を費やして、こんなクソつまんない男のクソつまんない話を聞いてるんだろう」と心が折れかけても**「この後、友達と酒飲みながら悪口言うぞ！」**

と乗り越えられた。そして終了後は「妙な笑い声の男がいたよな!」「ケケケーッて怪鳥みたいに笑う奴な!」と居酒屋で爆笑していました。一緒に笑える女友達がいれば、コンパやパーティーが空振りに終わっても「あー今日は楽しかった!」と家路につくことができる。それゆえ、婚活を続けることができたのです。

婚活友達を作ればストレスを減らせるし、情報交換もできて良いことずくめ。周りにめぼしい友人がいなくても大丈夫。「婚活パーティーで女友達ができた」という話をよく聞きます(特にオタク婚活は趣味の話で盛り上がって仲良くなりやすいんだとか)。参加した際は周りの女性にも話しかけてみましょう。終了後はみんな誰かと話したいと思っているので「軽くお茶でもしませんか?」と誘えば乗ってくる人は多いですよ。男はできなくても気の合う女友達ができれば、婚活をやってる甲斐もあるものです。

□自分に合う票田を探す

先述したように婚活および恋活にはストレスが伴いますが、その中でも一番のストレスは合わない男とばかり遭遇してしまうこと。そういう場合はだいたい場所を間違えているので、場所を変えれば「票田《ひょうでん》」が見つかります。ここでいう票田とは、**自分の熱烈な支持者・コアなファンを指します。**

二十代前半の私も完全に場所を間違えていました。当時はハイスペックのエリートとばかりコンパしていて、そのたび「つまんねえ……!!」と怒髪天を衝きスーパーサイヤ人になる勢いだった。コンパで出会った彼らは、親や世間の言うがままに王道レールに乗ってきて視野が狭くて薄っぺらいし挫折した経験がないから打たれ弱いくせにプライドだけは高いし……とボロカスに言うてますが、つまり私とは合わなかった。そもそも私は「男は金とモテとステイタス」と信じるしゃらくせえ男や日経新聞とビジネス書しか読まない男とか嫌いなのです。にもかかわらず彼らと何度か付き合いました。「どうせつまらない男しかいないなら、金に転ぶか」と思ったから。**男に高望みしているからじゃなく、絶望しているから条件を求めた。**でも結局銭ゲバにはなりきれず、いずれも長続きしませんでした。彼らのプライドを刺激しないよう自分を偽り続けるなどできなかったから。そして「もう恋愛や結婚が存在しない世界に行きたい、それはナメック星なのだろうか？」と空を見上げ「あ、死兆星が見える……」と呟くという、しっちゃかめっちゃかな状態でした。

そのしっちゃかめっちゃかを整理した結果**「王道じゃない自分はマニアックな男を探すべき」とようやく悟り、場所を変えてみたのです。**それで飲み屋やバーに通ったところ、草食系のインテリやオタク男子たちに出会って「ここに票田があった！」と気づいた。女慣れしてない彼らは口下手で不器用だけど、じっくり話すと頭が良くて面白い人が多かったし、肉食系エリートと違って「俺を立てろ」的な男尊女卑マインドが皆無でした。そして、そんな彼らは私の王道じゃない部分を好きになってくれたのです。**「世の中にはキラキラ女子やゆるふわ女子が苦手な男も存在する、自分にも票田がある」**と気づいたことで、私は素の自分で勝負できるようになりました。

票田の彼らは理系やＩＴ系の専門職が多く、私の普段の生活では繋がらない人たちでした。人は繋がりのある人としか出会わないので、そこで見つからなかったら、そこを離れた時に見つかる可能性が高い。

その際に簡単にできる工夫は「目印」をつけること。**私はスマホやバッグにアニメのストラップをつけているのですが、それを見て声をかけられることが多い。**「それベルゼブブ優一さんですよね？」「はい、口元についてるのはウンコです」みたいな。

私は特に見た目でビビられがちなのですが（ドＳ痴女系だから）、目印をつけることで「こっち側の人間なんだ」と気づいてもらえる。「そういうのに興味なさそうな女性がアニメやゲームのグッズをつけてるとギャップ萌えする」という男性陣の声も聞きます。

ちなみに夫ともガンダムの着メロがキッカケで話すようになり、カラオケで『シャアが来る』という珍曲をデュエットして仲良くなりました。「シャア！　シャア！　シャア！　とこんなに上手に合いの手を入れる男は初めて」と感激した私。エリートコンパではａｉｋｏとかリクエストされて辛かったな……『カブトムシ』すら歌えねえし。ａｉｋｏよりもアニソンを歌いたい人は、ａｉｋｏよりもアニソンを歌う女が好きな男を探すべき。皆さんも新しい場所に出かけて、自分の票田を見つけてください。

□マッチングの大原則は「母数を増やすこと」

自分にピッタリの1人とマッチングするには、**出会いの母数を増やすこと**が大原則。

単にラーメンを食べたいのであれば、そこらのラーメン屋に入ればいい。でも「一生これだけ食べ続けたい！」と思えるラーメン、自分にとって究極かつ至高の一杯に出会いたければ、何百軒ものラーメン屋を巡らないと見つからない。要するに、確率の問題なのです。「(働いて稼ぐのが面倒くさいから) 宝くじが当たればいいな〜」と願うがごとく**「運命の出会い」を夢見るんじゃなく、マッチング率を上げるために出会いを増やしましょう。**

その際は自分の状況と目的に合わせて、場所を選んでください。たとえば「現在35歳、結婚したいし子どもがほしい」という人は、真剣度の高いガチ婚活にトライするべき。ガチ婚活はプロフィールに「子どもを希望するか」の項目もあるのでわかりやすいし、「責任はとりたくないが恋愛やセックスは楽しみたい」といった不届き者を排除できます。アラフォーで子どもを望むなら1日でも早い方が妊娠しやすいのは事実なので、効率的にターゲットにリーチしましょう。

ガチ婚活以外の出会いの場所としては、趣味のサークルやオフ会、習い事、ボランティア、バーなどがあります。それらの場所では、明確に結婚する意志のある異性に出会えるとは限らないけど、「結婚するために積極的に努力してないがゆえに独身」という掘り出し物に当たる可能性があります。また自分もリラックスして楽しみやすく、共通の趣味などがあれば話が合いやすいのもメリット。ただし期待しすぎると何もなかった時にガッカリするので「いい出会いがあればラッキー」ぐらいのテンションで臨みましょう。

「会う頻度が高い相手には好意を抱きやすい」と心理学でも証明されているので、定期的にメンバーに会える場所はオススメです。また「ご近所」もかなりの追い風になります。たとえば「○○在住の人で飲もうオフ会」に参加するなど。ご近所さん同士は気軽に集まりやすいため「今みんなで飲んでるんだけど出てこない？」的な声もかかりやすい。私も近所のバーで夫と出会ったのですが、お互いの家が徒歩10分圏内だったため「焼き鳥食べに行こうぜ！」と気軽に誘えました。すると自然に会う回数も増えて、距離も縮まりやすいもの。周りにもご近所カップルが数組いますが「わざわざデートしなくても会えるのが楽」「あと近所に住んでるってだけで親近感が湧く」が共通の意見。ただし、すっぴんでボッサボサの時にコンビニで会っちゃったりもします。

会う頻度が高い相手には好意を抱きやすいために「職場結婚」は多いのですね。さまざまな調査を見ても、結婚のキッカケは「仕事関係」と「友人知人の紹介」がだいたい同率1位です。けれどもマジメなオクテ女子は「仕事関係者は恋愛対象外」と決めつける人が多い。**何も始まってないのに「ややこしいことになったら困るし」と危《き》惧《ぐ》するのは、産んでもない子の年を数えるようなもの。**恋愛上級者は仕事関係者をむしろ積極的に狙っていくし、仕事を利用して出会いを作ったりもします。ベテランのキノコ狩り名人にならって、皆さんも職場に良さげなキノコが生えてないか探しましょう。

それ以外だと「読書会」はカップル成立率が高いと聞きます。私も一度だけ読者のオフ会をしましたが、皆さん一瞬で仲良くなっていました。同じ作品を愛好する人々は価値観が似ているのでしょう。長渕ファンの8割は長渕のソックリさんだと言いますし、という喩《たと》えが適切かどうかわかりませんが、「どの作品が一番好きか」など盛り上がりやすいし、作品について話すうちに内面もさらけ出せるので、距離が縮まりやすいんじゃないでしょうか。

私自身はバーや飲み屋で良い出会いがありましたが、理由の1つは「酔ってたから」でしょう。立ち飲みで隣の客の漬物とかうっかり食べちゃう私ですが、それをキッカケに「べったら漬け、好きなんですか？」と話が弾んだりします。男はスキのない女には近づけないため、酔ってスキだらけの女とは話しやすいよう。けれども一番の理由は「しょっちゅう行ってたから」でしょう。独身時代は出会いを増やすべく、週3〜7回は飲みに行ってた私。夫ともバーで偶然出会ったけれど、しょっちゅう行ってなければその偶然もなかった。なおかつ、自分から夫に連絡先を聞いて飲みに誘いました。そこには「コンパとかしてくんねえかな」という下心があったのですが、やはり出会いを増やすぞ精神が功を奏したのです（バーや飲み屋は「お酒は飲めないけど雰囲気を楽しみたい、誰かと話したい、美味しいものを食べたい」という客も多いので、飲めない人でも大丈夫。ノンアルコールカクテルが充実している店も多いです）。

独身時代の私は「誰か紹介して！」とア○ウェイの人のように言いまくってました。「ガツガツしてると思われたくない、そんなのプライドが許さない」という女子もいますが、本人が本気だからこそ、他人はひと肌脱いでくれるのです。なので「本気で結婚したいので、良い人がいたら紹介してください！」とガツガツ言いまくりましょう。

紹介してもらいやすいのは、手間のかからない人です。紹介者も交えての飲み会をセッティングするのは手間がかかるし、忙しいと都合が合わず流れてしまいがち。**「連絡先を教えてもらったら、こちらから連絡してアポとりますんで！」とさくさく進められるタイプが紹介話は実現しやすい。**また、アホみたく高望みしないことも大切。「高収入でイケメンで話が楽しくて誠実な人がいい」などと抜かしたら「そんな独身男はUMAだ！」と顎《あご》をつかまれますよ。

そして**一番大切なのは、文句を言わないこと**です。紹介する側は善意でやってるのに、相手についてあーだこーだ文句言われたら「二度と紹介するもんか（憤怒）」となります。たとえ相手がイマイチでも、ちゃんと感謝を伝えることで次の紹介にもつながるのです……って当たり前のことだけど、わかってない人もいるんですよ。以前「外見は一切こだわらない」という知人女性に男を紹介したら「思ったよりハゲてた」と文句を言われ「ほなハゲは無理って言うとけや！」と髪をむしってやろうかと思いました。**絶対無理な条件があれば事前に伝えておくのも紹介者に対する礼儀です。**

□婚活成功の秘訣は「ケンカに負けて勝負に勝つ」

続いては、ガチ婚活（ネット婚活・婚活パーティーやイベント・結婚相談所等）について語ります。

婚活成功者が勝因として挙げるのは**「フル開示」**で臨んだこと。フル開示は本命を一本釣りするための基本です。婚活本には「一般受けするプロフィールを作りましょう」とあるけど（趣味は料理やカフェめぐりなど）、それだとザコに無駄モテして時間とパワーを削られるだけで、永遠にマッチングしません。**無駄モテでもいいからモテたいと欲張ると、結果的に遠回りになってしまう。**「モテを捨ててマッチングをとる」とは「ケンカに負けて勝負に勝つ」ということ。ザコだらけの海で本命を一本釣りするには「私はこんな人間です！　気に入ったら食いにこい！」とわかりやすくアピールした方がいい。特に婚活サイトなど何百通ものメールが殺到するのだから、しっかりセグメントするべきです（ただしプロフィール写真だけは奇跡の一枚を使いましょう。自力で奇跡を起こせない人は、写真スタジオで撮影するのもアリ。プロからヘアメイクも学べて一石二鳥ですよ）。

読者の女性（理系の専門職、三十代前半）からこんな報告をいただきました。
「私は一生仕事を続けるつもりなので、仕事に理解のある男性じゃないと難しいと考えました。そこで婚活サイトのプロフィールに仕事の説明を詳しく書き、**愛読書として物理の専門書を挙げたところ、理系の研究職の夫からメールをもらいました。**夫は女慣れしていない不器用な人でしたが、穏やかで優しく誠実な人柄に好感を抱いて結婚を決めました」

また、ゲーム会社で働く女友達からはこんな報告が。「自分の根幹であるオタク趣味を否定されると無理なので、**プロフィールには好きなゲームや漫画のタイトルをびっしり書いた。**するとゲームオタクの夫からメールがきて、1ヵ月毎日メールのやりとりをした。いざ会うと夫は地味で口下手な人で、コンパとかで会ってたらスルーしてたと思う。でもメールのやりとりで人柄がわかっていたので、会ったその日に結婚前提で付き合うことに決めた」

自分は王道系じゃないと自覚のある女子は特にフル開示がオススメ。私もオタク婚活パーティーを取材した時、独身だったら参加してたなと思いました。というのも過去、一般の婚活パーティーに参加するたび「ミスチルとフットサルが好き」みたいな王道系男子と何を話していいかわからなかったから。また二十代前半、アウトドア好きの彼氏にやれ海水浴だキャンプだバーベキューだと連れていかれ、悶死しそうになったから。

当時の私は「普通の男」に憧れがありました。ごく普通の男とごく普通の恋をしてごく普通の結婚をすれば、こんな私でも幸せになれるかも……そう考えたのは「自分は異形だ」というコンプレックスがあったから。が、ごく普通の彼氏とそのごく普通の友人たちに囲まれ「く、苦しい……グハァッ!!」と酸素欠乏症になった。その経験から「自分のカタチを知って認めることが、おせんべいの片割れに出会うために不可欠」と学んだのです。

「どんな人と結婚したいの？」と聞かれて「普通の人でいい」と答える女子がいますが、それは何も考えてないのと同じこと（私も友達に「どんなパソコンがいいの？」と聞かれて「普通のやつ」と答えた）。本書を読みながら、自分にとってのおせんべいの片割れはどんな人か考えてください。

また、**婚活成功者たちは「年収の条件を下げた」と口をそろえます。**「結婚する努力をしているのに結婚できない高収入男性には、やはり何か問題がある」が彼女らの共通の意見。「徹頭徹尾、ドヤ顔でオレ自慢を聞かされた」なんてのは序の口で「開口一番、姑と舅の介護はできるかと聞かれた」「キミの年だと卵子の老化がヤバいと説教された」「デート中、ずっと爪を噛んでいた」など、どんだけ逸材ぞろいなんだ！ と感心するエピソードのオンパレード。彼女らは**「年収400万以上に条件を下げたらマトモな男性が現われた」と証言します。**

高学歴高収入の女友達いわく、結婚相談所に登録すると「条件的に釣り合うお相手じゃないと」とハイスペック男子を勧められるんだとか。そこで「いえ私が稼いでるんで相手に年収は求めません！」とあえて条件を下げる姿勢、「だが断る！」の心意気がマッチング率を上げるようです。

夫にメインで稼いでほしいと考える女性が欧米では2割以下なのに対し、日本では約7割いるんだとか。「保守的な結婚観をもつ男女ほど結婚できない」という調査結果もあり、性別役割分業（男は仕事、女は家庭）をアンインストールすることが結婚のカギでしょう。

また、あえてバツイチを狙いに行くのもアリかもしれません。バツイチ婚活は意外と穴場と聞きますが、知り合いの女性も2人、バツイチ婚活サイトで夫に出会いました。彼女らいわく「結婚したいのにできない男より、一度は結婚できた男の方がレベルが高い」。バツナシ女性はバツアリ男性を敬遠するため、競争率が低いのもメリット。もちろんバツアリだから良いとは限りませんが、選択肢に入れてみてはいかがでしょう。

私は多くの婚活本を読みましたが、一番リアルで参考になったのが『31歳BL漫画家が婚活するとこうなる』(御手洗直子／著)。あとがきには『自分が本当は何が好きで何が嫌いで何が何に優先するのかをすごい自覚しました』との言葉がありました。漫画としても超笑えて面白いので、ぜひご一読ください。

□婚活と就活はソックリさん

婚活と就活は似ています。タッちゃんとカッちゃんぐらい似ています。以下は友人の就職カウンセラーの言葉ですが、まるっと婚活にもあてはまるので参考にしてください。

「『就活はとにかく数、まずは100社受けろ』は真実なのよ。面接を数こなすうちに慣れてきて上手く話せるようになるし、自分のアピールすべき点もわかってくる。あと数こなすうちに、断られるのにも慣れるから。何十社も落ちるうちに『しゃあない、次行こう』といちいちヘコまず前に進めるようになってくる。だから本命に受かる学生は本命以外もいっぱい受けてる子なんだよ。

それに本命といっても最初は企業の知名度やスペックしか見てなくて、どんな業種や職種が自分に合うかわかってない。それが何十社も受けるうちに『こういう仕事が合いそう』とわかってくるし、自分の中の優先順位も見えてくる。私は学生に『自分も選ぶ立場だと思って面接に臨もう』と言うんだけど、とにかく選ばれたくて面接官の求める人物像を演じてもボロが出るし、入社しても長続きしないから。逆に『この会社はどうなのか？ 自分に合ってるのか？』という目で企業を見て、入社後のイメージも描けてる子はマッチングする企業に内定をもらって機嫌よく働いてる。就活する前はほとんどの学生が『自信がない』『就職できるか不安』『口下手で自己アピールが苦手』と言うけど、就活するうちに成長していくから。だから、とにかく始めてみることなんだよね」

婚活もまさにそのとおり。とにかく始めてみなきゃ始まらない。「南を甲子園に連れてって！」と受け身で白痴な態度じゃなく「秘打・白鳥の湖ずら！」とバットを握って打席に立ちましょう。以上、タッチよりドカベンが好きなアルテイシアでした。

初対面の印象を劇的に変える！
～ブストークとミラクルワード～

自称喪女と異性の会話を聞いていると「余計なことは言わんでええ！」と口を押さえたくなります。わりと頻繁になります。自称喪女のトークは同性同士だととびきり愉快に盛り上がるのですが、男相手だと価値を下げてしまう……ズバリ、ブスっぽい印象を与えてしまうことが多い。また見下してきたりイヤないじり方をしてくる輩《やから》もいるため、全方位的に損です。初対面でやりがちなブストーク例を載せますので、心当たりのある方は控えましょう。そのうえで美人トーク例のミラクルワードを使いこなせるよう練習してください。

ブストーク例

・年齢を聞かれた時。「いくつに見えます？」は論外として「結構いってるんですよ」「もうおばちゃんなんで」と余計な発言をする。「若く見えますね」と言われたら「いやいや最近白髪が生えてきて！」など余計な情報を与えて「実は股の方にも白いものが」とろくでもない暴露をしたりもする。

・男に褒められた時。「綺麗ですね」と言われたら「はっ？　ちょ、何言ってるんですか！」と過剰反応して「目悪いんじゃないですか？」**「そんなお世辞言われても何も出ませんよ！」**などブサイクな返しをする。「その服、可愛いですね」と言われたら「この服2000円なんですよ！」と誇らしげに安物自慢したり「妹にもらったんです、私ほんとセンスなくていつもひどいカッコしてるんで妹が見かねて……」と長々とべつに言わなくていい話をする。

・恋愛がらみの質問をされた時。「彼氏いるんですか？」と聞かれたら「いないに決まってるじゃないですか、私ほんとモテないんで！」と返して「そんなことないでしょう」と相手に気をつかわせる。そのフォローに対して「いやマジモテないんで！　どれぐらいモテないかというと……」とかぶせる。

また「どれぐらい彼氏いないんですか？」と聞かれて「生まれてから一度も！　彼氏いない歴＝年齢です！」とハキハキ答えて「そうなんですか、えっと……」と相手がしどろもどろになる。もしくは「2年ぐらい？」と適当に答えて「なんで別れたんですか？」と聞かれ「自然消滅というか、えっと……」と自分がしどろもどろになる。

客観的に読むと「たしかにブスっぽいな」と納得されたのではないでしょうか。では、美人トークとはどういうものか？

①シンプル（余計なことは言わない）

②ミラクルワード（ほんと？／ありがとう／わーい／ていうか／ナイショ）

これらを使いこなせば大抵の会話は乗り切れるし、美人っぽい印象を与えられます。

ミラクルワード例

・「おいくつですか？」↓「35です」（シンプル）↓「えっ、見えませんね！」↓「ほ

んと？」↓「若く見えますね」↓「ありがとう」または「わーい」↓「ていうか○○さんはおいくつですか？」（質問返し）

・「綺麗ですね」↓「ありがとう」または「わーい」↓「ていうか○○さんもイケてますよね」（褒め返し。全然イケてない相手なら「いい感じですよね」など、ざっくり褒める）

・「その服、可愛いですね」↓「ほんと？」または「ありがとう」↓「ていうか○○さんのシャツも可愛いですね」

・「彼氏いるんですか？」↓「いないです」（シンプル）↓「彼氏いそうに見えますね」↓「ほんと？　ていうか○○さんは彼女いるんですか？」

・「どれぐらい彼氏いないんですか？」↓「ナイショ」↓「なんでナイショなんですか（笑）」↓「それもナイショ（笑）、ていうか○○さんはどれぐらい彼女いないんですか？」

　以上。喪女は言葉に困ってつい余計なことを言いがちなので、基本はシンプルに答えて、**「ていうか」で相手に返すか別の話題に変えましょう。**また、褒められた時に「フフッ、ありがとう」と峰不二子っぽく返せない我々は**「ありがとう！」「わーい！」と元気キャラで返すといいです。**少なくとも過剰反応や自虐よりは百倍いい。そして「ナイショ」は格別ミラクルです。「ナイショ」と言われると男はなぜか皆嬉しそうな顔をする。ミステリアス感や小悪魔感が発動するようなので、便利に使っていきましょう。「付き合った人数は？」といった質問や「最近いつセックスした？」系のセクハラ質問も「ナイショ、ていうか○○さんは？」の流れでオッケーです。**ブストークが悪いわけではありません。ただトークは場に合わせて使い分けるべき。**たとえば「肌のたるみで万有引力を実感するよね！」「わかる〜！」みたいな加齢ネタは女（またはオカマ）相手だと盛り上がりますが、オカマ以外の男性は「そんなことない、若く見えますよ」とフォローするしかなく、面倒くさいのです。我々も「お仕事は何してるんですか？」と男に聞いて「経産省で働いてます」「へーすごいですね！」「いやつまらない仕事ですよ、官僚なんてただ書類作ってるだけで」と返されると、卑屈でネガティブな印象を受けますよね。そこで「でもすごいですよ」「いや本当につまらない仕事なんで」と不毛なやりとりが続くと「コイツ面倒くせえな」と思うはず。親しい間柄であれば「照れて謙遜してるんだな」と理解できても、初対面だとマイナスな印象になってしまう。

逆の立場で考えればマイナスだとわかることを、ついやらかしてることは多いのです。たとえば「美人が好き」「おばさんは無理、若い女がいい」と公言する男は薄っぺらいバカに見えるのに、自分も「イケメンが好き」「おじさんは無理、若い男がいい」と平気で言い放つなど。**私もおじさんの悪口とか大好物でゴハンがなんぼでもススムくんですが、あくまで男子禁制の内輪トークで盛り上がります。**男女混合の飲み会で男性陣がおばさんの悪口で盛り上がってたら、火つけて燃やしたろかと思いますよね？　女子トークに慣れてるとついクセで出てしまいがちなので、場を選ぶのを忘れないようにしましょう。

改善すべき点があっても、他人はわざわざ指摘してくれません。**コミュニケーションに問題があるのに「ブスだから、色気がないからモテない」などと誤解している女**

子は多いもの。自分を客観的に見るのは難しいので「直すべき点があったらハッキリ教えてほしい、恨まないから」と周りに聞いてみましょう。

昔、知り合いの女子に彼氏ができないと相談されて「合コンで元彼のこと悪く言うのはやめた方がいいよ、男が同じことしたら『初対面で元カノの悪口言うイヤな男』って思うでしょ？」と言うと「でもこれが私だし!!」と逆切れされて「知るかボケ、二度とアドバイスするもんか」と思いました。自分を変える気のない頑固な人には、誰も意見をくれなくなります。

幸せをつかむ人に共通しているのは、人の意見を素直に聞けること。昔、長身でボーイッシュな女友達に「婚活パーティーに行くならスカート穿《は》いてったら？」と言うと「どうしよう、スカートって喪服しか持ってない！」「喪服はマズい、しめやかになってしまう！」という会話になり、彼女はその足でスカートを買いに行きました。そういう人は婚活も成功しています。「見た目にこだわる男なんて」「これが私のスタイルなの」とかウダウダ言う女は、面倒くさくて敬遠されがち。男も女も、素直で柔軟な人と付き合いたいのは同じです。我々も「これが俺なんだ！」と開き直る男より「直すべきところがあったら教えてほしい、努力するから」と歩み寄れる男をパートナーに選ぶでしょう。コミュニケーションの基本は相手の立場になって考えること、それを忘れずに生きていきたいものですね……と自戒しつつ、おじさんの悪口は死ぬまで言い続けます。あくまで男子禁制で！

第三章　付き合えない！

マトモでチキンな独身男子を落とすには？

独身男子の4人に3人が「自分は草食系だ」と答える昨今、いまや美人でも受け身だと結婚できない時代ですが、むしろ美人の方ができない気もする。美人は「なんであの子が結婚できるの？（私よりブスなのに）」と思いがちですが、「ブスなのに」ではなく「ブスゆえに」あの子は結婚できたのです。

ブス子さん（仮名）は「自分は二軍選手であり、打席に立つチャンスが少ない」と自覚があったため「チャンスを逃しちゃダメだ」と積極的に球を狙いにいった。一方、自分は一軍だと思っていた美子さん（仮名）は「まだチャンスはあるさ～」と見送ってるうちに、世間から「そろそろ引退の年ですね」と言われ「え、ちょっと待って！」と慌てふためくことになる。

私まだ現役だし、結婚する気バリッバリだし！　という皆さんは、とりあえず「マトモな独身男子はオクテゆえに残ってるのだから、みずから打ちにいくしかない」と幾度も胸に刻みましょう。欧米の女性は、偉そうな肉食系より優しくて家事育児もする草食系をパートナーに選ぶ傾向になってるんだとか。周りを見ても、幸せな結婚をした女子は草食夫を攻め落としたパターンがほとんど。

ところが世の恋愛本には「女はこういう男に惚れるはず」という思いこみから、モテる肉食系男子を落とす方法ばかりが載っている。「手に入らない女を演じて男の狩猟本能を刺激せよ」系の駆け引きやテクニックなど。が、マトモな独身男子は狩猟本能のなさゆえに独身なのだから、その手の駆け引きをすると「その気がないんだな」とスタコラ去っていきます。

なによりモテる肉食系＝ヤリチンなので、必死に頑張ったところでセフレの末席に加われれば御の字的な結果になりがち。大切なのは「どうやって男を落とすか」よりも「どういう男を落とすか」。

もしあなたが末永く続くパートナーシップを求めるなら、**マトモな独身男子はチキンである**と理解しましょう。「振られてもかまうものか！」とグイグイいける男はブレイブハートの戦士ではなく女慣れした遊び人で、他の女にもグイグイいっているのです。一方、マトモでチキンな男子は女から誘われるのを待っているため、「馬引けー！」とグイグイいける武将系女子がかっさらっていく。そんな中、オクテ女子は「自分から誘うほどじゃないし……」と待ちの姿勢なので、何も始まらない。武将系女子は**「とりあえず」デートに誘う**のです。恋愛上級者ほど**「人は1回会ったぐらいじゃわからないし、初対面で好きになるなんてめったにない」**と知っているから。

「でも自信や勇気がなくて誘えないんです」という声もありますが、**必要なのは単なる慣れ。**就活の面接と同様、上級者は誘うことに慣れているし、断られることにも慣れているため大してヘコまない。だからあれこれ考えず「ご飯行きましょうよ」と気軽に誘えるし、その方が相手も気軽にオッケーできる。皆さんも「とりあえず誘う」と甲冑《かっちゅう》に刻んでください。

そして女が男をデートに誘う方が簡単です。男はラグジュアリーだのロマンチックだのに痺れも憧れもしないし、オクテ男子はむしろ「俺エスコートとかできないし」と震えるため、気取ったお店とか苦手。私は「アルさんを誘えるような店を知りません」とよく言われますが**「いや私、立ち飲みとかめっちゃ行くよ」と話すと「意外と**

庶民的なんだ」とホッとされます。ですので「どこそこの串カツが美味《おい》しい」的な流れから「今度行こうよ」と誘ってみましょう。お好み焼きもいいけど必ず歯に海苔がつくのでデートにはイマイチ。串カツは唇がテカテカになってグロス効果もあってオススメです。そして1回目のデートの際に「あそこの焼き鳥も美味しいよ」「じゃ次はそこ行こうか」と決めておくと話が早い。**オクテ男子はお店を選ぶのが苦手なので、女子がさくさく決めちゃいましょう。**

でもがっついてる女は引かれるんじゃ？　という質問もいただきますが、それはあくまで結婚について。独身男子の前で「婚活頑張ってます」「今すぐにでも結婚したい」と鼻息荒く言うと「付き合ったら速攻で結婚を迫られそう」と引かれます。よって「結婚したいの？」と聞かれたら「そりゃしたいですよヒヒーン！」と馬っぽく答えず「いい人がいれば」と余裕の笑顔で答えましょう。同時に、恋愛対象外の人々には「安西先生、結婚がしたいです……！」と『スラムダンク』のミッチーばりに熱意を伝えて、紹介やコンパを頼みましょう。

恋を勝利に導く鉄則は余裕をもつこと

恋を勝利に導く鉄則は「横綱相撲」。恋を勝利に導く鉄則は「横綱相撲」。

大事なことなので二回書きました。横綱相撲とは、圧倒的な力の差を見せつけて勝つこと。恋愛の土俵においては〈こちらの片思いでも絶対に下手《したて》にならず、どんな時も余裕のある態度を貫くこと。あくまで「主導権はこちらにある、付き合うか付き合わないか決めるのは私だ」と毅然とした態度を貫くこと〉を指します。

肉食系男子は落とすまでが楽しい人種なので「こいつ俺のこと好きだな」と確信をもつと興味を失い、一発ヤって終わります。一方、オクテ男子は女がリードしないと始まらないが、追いかけすぎてもうまくいかない。なぜなら、**オクテ男子はプレッシャーで重く感じるのです。**オクテな男女はメンタリティが似ているので想像しやすいでしょう。皆さんも自分がそこまで盛り上がってない段階でガンガンアプローチされたら「必死すぎて重い」と引きませんか？　「現時点では好意に応えられないから距離を置いた方がいい」と判断しますよね。恋愛慣れしてないマジメな人は**「好意をもらってるのに返せない自分はひどい人間かも」と罪悪感を抱いた挙句、「あーなんか重い！　面倒くさい！　もう結構です！」となってしまう。**また、相手が自分に好かれたくて余裕のない必死な態度だと魅力的に見えず「もっと堂々と構えてくれよ」と思いますよね？　それはオクテ男子も同じなのです。だから、余裕のある毅然とした横綱の態度が大切。

　肉食系の男女がガンガン押してもモテるのは「自分は強者＝横綱である」という自信と余裕があるから。彼ら彼女らは追いかけているように見えて、実は上手《うわて》でまわしをとっている。一方、自信のない初心者が同じことをすると必死すぎて重い人になってしまう。だから非モテ男子がヤリチンのテクを真似ると、気持ち悪がられて爆死するんですね。

　そもそも**「1人の人間のことばかり考えて思いつめてる状態」は気持ち悪くなりやすく、前のめり・独りよがりな行動をしがち**です。私も大学時代、好きな男子が風邪を引いた時に看病に押しかけて追い返されたりしました。前のめり・独りよがりの例文のような行動。でも「『王家の紋章』のキャロルはいつも看病してモテている、チャンスだ！」と思ったので、私じゃなくキャロルが悪い。というのは嘘で**「相手との温度差」**を考えなかった私が悪い。

たとえ相手に好意が生じている場合でも、こちらが烈火のごとく突っ走ると「いや自分まだそこまでの温度じゃないし」と引かれてしまうのです。**オクテ男子は特に「熱しにくく冷めにくい」性質があります。**だから付き合うと長続きするけど、付き合うまでに時間がかかるケースが多い。せっかちな女子は「スローすぎてアクビが出るぜドスコーイ!!」とぶん投げたくなるでしょうが、ぐっとこらえて。即ヤリしようとするヤリチンと違い、彼らはマジメゆえに慎重で時間がかかるのだから。

マジメな男子を落としたければ、**温度差を無視して突っ走らないこと。**と頭でわかっていても突っ走りがちな人は、他に気になる異性を作りましょう（できれば複数作るのが望ましい）。すると恋愛感情を分散できて高温状態を冷ませます。単に気になる異性であって股をかけてるわけじゃないから、誰も傷つきません。というか器用に股をかけられるような人はオクテになってませんわな。気になる対象は二次元でもオッケーです。**むしろ脳内彼氏の方が果てしなく妄想絵巻が広がるのでオススメ。**要するに、本命のことを考える時間を減らせればよいのです。物理的に忙しくするのも効果的。暇だとつい余計なLINEとか送っちゃうので、スマホを仏壇にでもしまって遊びに行くなり夢小説を書くなりしましょう。

特にメールやLINEはやりすぎないよう「ややツンデレ」を心がけて。送る頻度や返す速度や文章の長さやテンションは「基本は相手に合わせつつ、やや控えめ」がベスト。

片思いの段階では**「会ってる時は思いっきり楽しそうにして、連絡は控えめにする」**のが正解です。メールやLINEは残るから「俺のこと好きなんだな」と深く刻まれてしまうし、頻繁に送ると「またきたよ」とありがたみも薄れる。一方、会ってる時に思いっきり楽しそうだと「俺のこと好きなのかな?」と相手は思うが、あまり連絡がないと「あれ違うのかな? どうなの?」と気になって、もう一度会って確かめたくなる。

このギャップは大きければ大きいほど効くので、会ってる時は「デレデレデレ」ぐらいでいきましょう。周囲から「しっかりしてるね」「もっと甘えればいいのに」などと言われた覚えのある人は「デレデレデレデレ」ぐらいがちょうどいい。どんぶり酒でもかっくらって理性を飛ばして「酔ったカモ～」と甘えた声のひとつも出しましょうや。というのも**「普段は強気な彼女が俺だけに甘える萌え」**は最強だから。アホみたいですが、我々だって乙女ゲーでその手のギャップに萌えているのだから同罪です。

そのうえでメールやＬＩＮＥは控えめに。好意を出しすぎないようにして、内容も友達感覚のサラッとサラサーティーなものにしましょう。考えすぎてワケわかんなくなったら、単なる友人に送るとしたら？　と仮定して書くと重くない自然体の文章になります。

とにかく**「付き合いたくて必死感」が出ないよう、いつも心に横綱を。**けれども「他の男の存在を匂わせる」といった駆け引きはやめましょう。肉食系は狩猟本能や競争心を刺激されますが、オクテ男子は「他に好きな男いるんだ、勘違いして恥かくところだったよ」と結論づけます。

オクテ男子の心理はオクテ女子と似ているので想像しやすい。たとえば、**オクテ男**

子には乙女ゲーの技が効きます。

欧米の男性はツンデレや俺様が理解できないらしく「日本の女の子は本当にこんなのが好きなの？　ＷＨＹなぜに？」と質問されます。たしかにイジワルされたり上からな態度をとられてキュンとするのは、受け身な日本人女性特有のメンタリティ。これは受け身なオクテ男子にも効果的。壁ドンや顎クイは三次元でするとギョッとされますが、たとえば頭ポンポン。私は「まあ素敵なカツラ！」と男子の頭をポンポンしますが「カツラじゃないしｗ」と嬉しげな反応が返ってくる。その他だと、ちょっとしたイジワル。たとえば串カツ屋で指についた油を男の顔や眼鏡につけると「何するんだよ〜ｗ」とイチャコラ感が生じて「あれ、俺たちもう付き合ってたっけ？」と錯覚させる効果がある。一方、肉食系は「何するんだ、やめろよ」と本気でムッとするので通用しません。

つまり、どんな技が効くかは相手によるのです。格闘家は対戦相手を研究して試合に臨みますが、それは恋愛も同じこと。誰でも落とせる必殺技などないのだから、相手がどういうタイプか研究したうえで、実戦を重ねることが大切。技を覚えても試合でかけられないと意味がなく、そこは実戦で磨いていくしかありません。キン肉マンもカメハメ師匠から48の殺人技と52のサブミッションを教わり、戦い続ける中で必殺技のキン肉ドライバーを生み出した。実戦を重ねるうちに自分なりの必勝パターンも見えてきます。喩えがちょっとよくわかんないかもしれませんが、皆さんもオリジナルの必殺技や勝ちパターンを見つけてください。

恋愛力を飛躍的にアップさせる「6つのS」

ここで、オクテ女子の恋愛力を飛躍的にアップさせる「6つのS」を紹介します。

1つめは、さんざん書いてるように自分から**「誘う」**こと。オクテ男子は待ちで受け身で、熱しにくく冷めにくい。彼らは恋心に火がつくのに時間がかかるため、こちらから誘って何度も会うことが肝心です。オクテ夫と結婚した妻の中には「付き合うまで8ヵ月もかかって、その間ずっと私から誘い続けた」という猛者《もさ》もいる。オクテ男子を落とすのに必要なのは、**女子力よりも胆力**です。

「面倒くせえな!!」と暴れたくなる気持ちもわかります。そりゃ男がリードしてくれる方が楽ですが、リードできる男は既婚者かヤリチンなんですよ。マトモな独身はオクテしか残ってないんDEATH!!

周りを見ても「待ち」をやめた女子から幸せになってます。日本人はもともと受け身な民族で、SM業界もつねにS不足なんだとか。受け志望が多く攻め志望が少ないこの国で「M=待つ」から「S=誘う」に転向すれば、恋愛でも独り勝ちが可能ですよ。

2つめのSは**「育てる」**。P51でも解説したように、完成型の男を求めず未完成な男を育てる姿勢。そういう姿勢のある女子は「損して得とれ」を実現しています。

女友達は学生時代からの恋人と結婚したのですが、出会った頃の彼はネルシャツを3枚重ね着して「妖怪襟6枚」という呼び名でした（ジョージ・ルーカスを筆頭にダサい男はネルシャツを着る）。無論こじゃれた店など知らずデートは和民か白木屋、ときどきサイゼリヤ。そんな妖怪も今ではとある企業の課長さん。襟の数も減って、こじゃれたレストランで妻をエスコートできる大人の男になりました。「素敵な旦那さんで羨ましいとか周りに言われる、ビックリだ」と友人は言います。プロデューサー視点で原石を発掘して、磨いて育てて光らせる。そうすれば、素敵な夫との未来が待っているでしょう。

3つめのSは**「さらけ出す」**。

初対面はお互いに遠慮して本音トークができないもの。しかも男子は女子の前でカッコつけなきゃと思っているため、なかなか腹を割りません。そんな中二の彼らには、こちらが先に腹を割った方がスムーズに距離が縮まります。たとえば「私、実は人見知りで今も緊張してるんですよ」とか笑顔で言うと、相手はホッとして緊張がほぐれます。こちらが壁をとっぱらうと相手もとっぱらうのはコミュニケーションの基本です。**特に弱点や苦手分野をさらけ出すのは効果的。**

帰国子女のバリキャリ女子に「私、実は九九が苦手で七の段とか微妙なんです」と言われた時、女の私もズキュウゥウンときました。クールに見えて意外とシャイとか、人はギャップに萌え転がる生き物。それに完璧すぎる人より弱みのある人の方が親近感が湧くものです。

ただしさらけ出すといっても、**初対面で自虐・下ネタ・毒舌等のモロ出しサービス**

はやめましょう。あとオクテ男子は経験豊富な女子に対するビビり感がハンパないので、過去の色恋沙汰は秘して語らぬが得策。また初対面でヘビーすぎる話（深刻なトラウマや家族の確執など）も避けましょう。相手はどう返していいか戸惑うし、メンヘラ認定されるリスクもある。そういった話は信頼関係ができてから、親密になってからしましょうね。

4つめのSは**「悟る」**。

アラサーの女友達が「婚活してみて、会話していて不快じゃない男性は貴重だと悟りました。すると周りの男性陣を結構いいかもと思うようになったんです」と話していました。その後、彼女はそれまで恋愛対象じゃなかった男友達をデートに誘って結婚に至りました。

婚活した後、婚活以外でパートナーに出会うのはよくある話。「どこかに理想の王子様が」と夢見ていたのが、リアルに多くの男と会って視点が変わるからでしょう。

これは物件探しに似ています。不動産屋に行く前は「駅近で新築で2LDK以上で家賃は8万円以下で」と夢見ていたのが、いざ部屋を見てまわると「そんな物件残ってないし、残っていたら事故物件」と現実を悟る。いろいろ内覧するうちに「条件は悪くないけど住みたくない、なぜだろう？」と優先順位を考えるようになり、結果的に「駅から遠いし中古だけど、自分にとっては住み心地が良さそう」とマッチングする物件を見つける。

というわけで、試しに婚活してみましょう。現実を見て悟りを開けば、本当は必要じゃなかった条件にも気づいて、地に足の着いた選択をできるようになります。

5つめのSは**「触る」**。

モテ本を批判しといてボディタッチを勧めるわけ？　と皆さん思うかもしれません。私も思いますけど、やっぱりボディタッチは効く。忌々しいほど効く。ただし勧めるのは「膝に手を置く」「手、おっきいね〜」「筋肉、すごーい」といったキャバ嬢系のタッチではありません。これらは流布しすぎて技使ってる感がバレバレだし、肉食系には「俺のこと狙ってるな」とナメられてヤられて終わります。

私が提唱するのは**「ムツゴロウタッチ」と「ツンデレタッチ」**の2種類。

遊び慣れた肉食系と違い、オクテ男子は女子に嫌われてるんじゃ？　キモがられてるんじゃ？　とビクビクしています。そんな彼らは女に触りたくても触れないため、スキンシップに飢えている。よって平気で肩とか抱いてくる肉食に比べると、ボディタッチが何百倍も効くのです。

ムツゴロウタッチとは、ムツゴロウさんの「大丈夫だよ、怖くないよ、よーしよし」というアレ。アレをやるとビクついてる男子も嫌われてないと安心するし、「異性に触られた瞬間ドキッとして意識する」単純明快システムも働きます。

ムツゴロウタッチはいたってシンプル。「ねえねえ」「あのさあ」と相手の腕や肩に触ったり、服を引っ張ったりするだけ。並んで歩いてる時や座ってる時、さりげなく距離を縮めるだけでもオッケー。オススメはカウンターやソファ席に座って二人でメニューやスマホを覗きこみ、顔と上半身の距離を縮めること。それだけでドキドキして恋に落ちるオクテ男子もいるようで、ほんと単純で羨ましいよな。

ツンデレタッチはさらに効果的です。キャバ嬢タッチは必死に狙ってる感が漂いますが、ツンデレタッチはツン（イジワル）＋デレ（触る）の複合技なので、余裕を漂わせて横綱の威厳を保てます。しかもオクテ男子はちょっとしたイジワルに萌えるため鉄板技と言えるでしょう。

ツンデレタッチの例

・「何言ってんの？」とつっこみながら、相手の肩に自分の肩をぶつける。
・「生意気だよ」と脇腹をつついたり、くすぐったりする。
・「うるさいよ」と頰や腕や手の甲をつねる。
・「バカじゃないの」と軽くデコピンしたり頭をコツンとする。
・「最近太ってきた」と言う男子の脇腹の肉を「どれどれ」とつまむ。
・「眼鏡がないと見えないの？」と眼鏡をとって投げるマネをする。
・「まあ素敵なカツラ！」と頭ポンポンする（ただし本当にカツラだった場合シャレにならないので注意）。

これらのタッチであれば、「手、おっきいね～（キャピ）なんて死んでもできない、つかそんなのするぐらいなら死んだ方がマシだ！」という女性でもできるんじゃないでしょうか。最初は抵抗があっても慣れると自然にサッとできるようになるので、練習を重ねてください。

最後に、6つめのSは「**鎖骨**」。

要するに、多少の肌見せはしましょうねということ。「異性の肌が見えた瞬間ドキッとして意識する」単純明快システムにのっかりましょう。男が金玉をチラ見せしても効果はないが、女が鎖骨や胸元や太ももをチラ見せするだけで絶大な効果を得られます。まあ便利っちゃ便利な話なので、詳しくは〈第八章　女らしくできない！〉（P202）を参照ください。

以上の6つのS＝誘う・育てる・さらけ出す・悟る・触る・鎖骨によって、恋愛力は飛躍的にアップします。特に「触る」はドモホルンリンクル並みの効果を実感できるでしょう。ドモホルンリンクルは使ったことないけど。

先日オクテな女友達のためにコンパを開いた時も、「触る」を事前にレクチャーしました。すると終了後「こんなに効くとは！　もっと早く知りたかった！」と驚きの声が上がりました。

アル「効果絶大なうえ、お酌や取り分けみたいに面倒くさくないし、合コンさしすせそみたいに苦痛じゃないでしょ？」
友人「うん。私にも無理せずできたし、なにより反応が面白かった！　ぜひまた試したいからコンパ開いて！」
アル「おう任せとけ。でもキミらもちっとは自力で頑張れよ」
　このように効果を実感できると、苦手なコンパも楽しくなってきます。絶対やりたくないことはしなくていいけど、そんなに苦じゃないことはどんどんやっていきましょう。今度はオクテ女子が進撃する番です！

なぜか語られない告白の方法

　巷の恋愛本は「モテる方法」の後に「プロポーズさせる方法」が載っていて、その間が抜けているものが多い。モテる女になれば男からクロージングしてくる（＝交際を求めてくる）との考えからでしょうが、現実はそうはいきません。チキンなオクテ男子は待っていても告白してこないため、友達以上恋人未満的状況が続き、そこへハクトウワシのような女が舞い降りて獲物をかっさらっていくケースは多い。

「恋愛経験の少ないオクテ男子＝モテない」と誤解している女子がいますが、見た目やコミュ力が平均以上で正規雇用のアラサー男子などは「結婚相手」としてメッチャ需要が高い。彼らは派手なイケメンのようにわかりやすくモテませんが、アラサー＆アラフォー女子たちに狙われまくる存在です。本人はオクテでも年上の猛禽《もうきん》姉さんにバックリ食われるなんて事例は超あるあるなので「他にもライバルがいるかも」と危機感をもちましょう。そして猛禽にチキンをとられて泣かないためにクロージングしてください。


告白はあくまで確認作業にすぎません。凝りに凝りまくった告白（フラッシュモブ等）をしたから付き合えるなんてことはなく、相手も付き合いたいと思ってるから付き合える。つまり**相手が自分を好きなら、どんな告白をしようが付き合える。**

では相手が自分を好きか、脈アリ判断はどうするか？　それは言葉よりも行動で判断しましょう。「会いたい」とＬＩＮＥを送ってくるのと、実際に会うのとでは全然違います。休みのたびにデートしている・相手から会おうと誘ってくる・次はどこに行こうなどと提案してくる・忙しくても会う時間を作ってくれる……こういう場合は脈アリの可能性が高い。

イマイチ判断がつかない時は「私、女として見れないって言われるんですよ～」という話の流れから**「○○さんも私のこと女として見れませんか？」**と聞いてみましょう。だいぶハズい質問ですが、マッコリでもあおって羞恥心を飛ばしてぶっこみましょう。相手の反応が「いや見れますよ！」と前のめりだったり「えっ、いや、見れますけど」とドキッとしてる様子だったら、脈アリと判断してGO。「いや魅力的ですよ～」「自信もって大丈夫っすよ～」と他人事《ひとごと》っぽいリアクションなら残念ながら脈ナシです。

たとえ脈アリでも、オクテ男子は「向こうは友達として会ってるだけかも……」とグダグダ考えるので、エイヤと手をつないでください。するとラノベの主人公並みに鈍感属性の彼も「好かれている」と気づきます。そのまま体を寄せていい感じの雰囲気になったら「私、○○さんといると楽しいです」「僕も楽しいです」「じゃ付き合いますか？」とサラッと笑顔で言いましょう。告白してる側なのになぜか上からな態度ですが、その方が「あ、はい、じゃ付き合いましょう」ってな流れになりやすい。この言い方だと重くないし、横綱の余裕を保てます。どんな時も横綱精神を忘れず、頭に大銀杏《おおいちょう》をのっけてるイメージで。

イエスの返事をもらえなかった場合は「お試しでもいいですよ（笑）？」とさらに上からかぶせましょう。「じゃ、まずはお試しで」となる可能性もあります。オクテ男子は「付き合って本当に上手くいくのか？ 俺はそこまで彼女を好きなのか？ こんな曖昧《あいまい》な気持ちで付き合ってはいけないのでは？」などグダグダグダグダ考えていたりする。「んなもん付き合ってみねえとわかんねえだろうがこの童貞！」と蹴りたくなりますが、それも彼らの真面目さや責任感の表れ。オクテはオクテゆえに残ってるんだと己に言い聞かせて「この童貞！」と蹴らずに「お試しで」と提案しましょう。

それでもイエスの返事がなければ「そっか、残念」とアッサリ引きましょう。「えっ、そんなアッサリ!?」と相手が後ろ髪を引かれるケースもあります。ただし逆転勝利するには横綱精神を忘れず、けっして追いかけないのが鉄則。こちらが付き合いたい的な態度を一切出さず、友達感覚で明るく笑顔で接していれば（↑ここ重要）相手から告ってくる可能性もゼロではない。でも確率は低いし、かなりの精神力と演技力を要求されますので、基本は次にいくことをオススメします。

振られた側はなぜ振られたか理由を知りたがりますが、聞いてもあまり意味がありません。なぜなら、振った側は本当の理由をまず言わないから。我々も男を振る時に「ごめんなさい、見た目が好みじゃないんです」「異性としてグッとこないんです」とか正直に言いませんよね。「実は他に気になる人が現われて」「実は社内に好きな男がいて」とかも、詮索されるとイヤだから言わない。大抵は「友達としてはいいんだけど」とふわっと誤魔化《ごまか》すか「今は忙しくて恋愛する余裕がない」など当たりさわりのない理由を言うもの。だから理由の追及はやめて「とにかく付き合う気はない」という事実を受け入れるしかないのです。

人は皆、一度や二度や三度は振られています。私なんて今まで振られた男の人数を覚えていません。食ったパンの枚数よりは少ないと思うが、ナンの数よりは多いかも。マッチングは数なので、いっぱい行かなきゃ当たりません。一番くじでもいっぱい買う人がほしいグッズをゲットするのと同じです。恋人はヤフオクでは買えないので、痛い思いしながらチャレンジするしかないのですよ。

付き合う前にセックスしてもいいのか問題

最後に「付き合う前にセックスしてもいいのか問題」について。

本気で付き合いたい相手とは、告白して交際の意志を確認してからセックスしましょう。なぜなら、**その方がリスクが低いから。**

女は好きな男とセックスして付き合えないと傷つくし、ヤったことで執着が増して重くなるリスクも高い。それに交際前にセックスすると「付き合わなくてもヤれる女」として男にナメられ、ヤリ捨てやセフレ対象になりがちです。相手がマジメなオクテ男子の場合「この子、結構遊んでる？（ってことは俺も遊び？ 俺も遊んで捨てられる?）」と誤解を与えるリスクもあって、いいことが何もない。

男の言う「付き合わないとセックスしないとか言う女って萎《な》えるよな〜」は「だって俺様がヤれるチャンスが減るから」というヤリチンの戯言《ざれごと》なので、耳を貸してはいけませんよ。**相手に「付き合いたい」という明確な意志がある場合は、セックスしよ**

うがしまいが付き合えます。問題は、相手の意志がまだ固まってない場合。その段階でヤっちまうと、女の側に「セックスしたんだから付き合うんでしょ？」という見返り精神が滲み出て重くなるのです。セックスしても付き合えるのは、女の側がとくに交際を望んでない場合で、これは逆に男が追いかける展開になりがちです。

そして**「私はいつもセックスしてから付き合うけど？」と豪語するのは、超経験豊富なモテる女子です。**彼女らはセックスで男の尻子玉を抜くテクをもっており、かつモテる余裕ゆえに男に執着がないため、相手が追いかける立場になる。つまり男を手のひらの上で転がす、お釈迦さまと孫悟空プレイができる女子なのです。これを初心者がやろうとすると、自分が悟空になってのたうち回るハメになる。

ちなみに「セックス＝性器の挿入、ペッティング等は含まない」と考える女子もいますが、男子は「胸や股に触ってOK＝セックスしてもOK」と認識するので、付き合わなくてもヤれる女ポジションには変わりません。

というわけで、付き合う前にしてもいいのは「手つなぎ」「ハグ」「キス」まで。それ以上は正式に恋人同士になってからいたしましょう。

第四章　好きにならない！

「恋に落ちない系」と「恋に憧れる系」

オクテ女子は2種類いると思います。１つは「恋に落ちない系」。つまりは、惚れにくい人。世の中には惚れっぽい人と惚れにくい人がいて、前者はなんだかんだと恋人が途切れない。が、熱しやすく冷めやすいため長続きしないケースも多い。逆に惚れにくい人はいったん付き合うと長いし結婚に繋がるケースが多いけど、「そもそも全く熱しない」と付き合うところまでいきません。

私の周りにも、恋に落ちない系の女子が大勢います。恋愛欲求や性的好奇心が少なくて、「結婚」はしたいが「男」がほしいわけじゃない彼女たち。

ランチに喩えると**「もう12時だ、そろそろランチ食べなきゃ、でも今そんなにお腹**

減ってないな」と思いつつデパ地下に行って「うーん」と選べない状態。周りは「理想が高い、選《え》り好みしすぎ」と言うけれど、お腹が減ってないのです。腹ペコだったら何でも美味しそうに見えるし、とりあえず何か買って食べるから。

「今この瞬間、彼氏がほしい！」「男がいないと耐えられない！」という女子と「今は男いなくても楽しいけど、老後が不安だし、孤独死して無縁仏になるのもイヤだし」という女子ではドライブのかかり方が違って当然。そんな彼女らに「老後の不安のために合わない人と何十年も暮らす方が不幸でしょ。それに現時点で65歳以上の女性の55％がシングル（死別・離婚・未婚）なんだよ？　私らが65歳になる頃は8割以上がシングルになってるかも。そしたら仲間がいっぱいいて孤独じゃないよ」と話すと「安心した！　老後に希望がもてた！」と返ってくる。そんな彼女らは本気で結婚したいわけじゃないのです。にもかかわらず「結婚できない自分はダメかも」と悩んで過ごすのはもったいない。

それでも、**「いや私は本気で結婚したい！　でも男に惚れないんだ！」という方は、恋愛抜きで結婚を目指すことをオススメします。**めったにときめかない女子が「男としてときめくか」を基準に男選びしても難しいし、そもそもときめく男と出会って相思相愛になり結婚まで辿りつくのは恋愛の猛者ですら大変。であれば「ときめきとかエロスとか、そんなのはどうでもいい。生涯暮らす家族としてどうかを基準に選ぼう」と決めた方が幸せに近づくはず。

　五十代の女性からこんな話を聞きました。「私はお見合い結婚で、最初は地味でマジメな夫を全然好きじゃなかった。でも夫は家族を大切にして家事育児にも熱心な人で、今では世界一愛してる」。一方「大恋愛の末に結婚したが家庭を顧みない夫に愛想がつきた」系の話もよく耳にします。実際、**妻の夫に対する愛情が冷める原因の1位は「子育てに協力的じゃないこと」**なんだとか。

　恋愛感情（ときめきやエロス）は時間と共に減っていくけど、家族愛（信頼や安らぎや情愛）は増えていくので、夫向きの男と結婚して家族愛を育てていくのはオススメ。**恋に落ちない系の女子は「恋愛して結婚しなきゃダメ」という囚《とら》われを捨ててはいかがでしょう？**

　もう1つは、恋に憧れる系のオクテ女子。恋愛経験は少ないが恋愛に対する憧れの強いタイプは「モテるイケメン」を好きになりがちです。女子校時代はイケメン美容師や人気の塾講師に恋する同級生が多かったけど、相手のプライベートや中身を知らないからこそ、アイドルに憧れる感覚で恋に恋する乙女になれたのでしょう。

これは処女や童貞によく見られる傾向です。**異性と深い交流をした経験が少ないため、わかりやすい「見た目」しか判断基準がなくて「モテる美男美女＝みんながいいと評価するからいいものだ」と好きになる。**逆に経験値の高い上級者ほど、パッと見で選ばないもの。「イケメンとデートしたけど話が合わなくて超つまらなかった」「顔が好みの相手と付き合ったけど性格が合わずに別れた」といった経験を重ねて、人はフィーリング重視・マッチング重視に変わっていきます。

そんなわけで恋に憧れる系は、第二章・第三章を参照のうえ、とりあえずデートとかしてみましょう。見た目はイマイチでも案外楽しかったり、手をつないだりキスしたりすることで胸キュンが発動したり……そういう経験がないままだと、モテるイケメンに憧れ続けます。ご存じのように、そんな男は競争率のクソ高い超絶レッドオーシャン。そこに参入するより、手近な男と試しに付き合ってみるのがオススメ。

手近な男と試しに付き合ってみたら、隣で無防備に眠る彼の寝顔を愛《いと》しく思ったり、他愛のない話ができる喜びを感じたり……そういう「しみじみした幸せ」を実感することで「遠くのイケメンより触れるブサイク」にチェンジすることは多いもの。

触れるブサイクという言い方もあんまりですが、自分に自信がないと「私なんかに手の届く男はレベルが低い」と思いがちだし、**自信のなさを埋めたくて「イケてる男に選ばれれば自分のランクも上がる」「イケてない男と付き合うと妥協したと思われる」的な発想になりがち。**それらは全て、他者目線です。

他者目線でパートナーを選んで幸せになった人を私は見たことがありません。そういう人は盛大な結婚式の写真をフェイスブックに上げた翌年に離婚とかしています。空気を読まないフェイスブックが「去年のあなたの写真です」とアップしてきたら、スマホを片手でグワッシャー!! と砕くかもしれませんね。その時ばかりはアメコミヒーローばりの握力が発動するかも。

逆に自分で自分をイケてると思えれば、見た目やスペックにこだわらず、自分目線で男を選べるようになります。第一章を参考にぜひ自信をつけてください。彼氏いない歴=年齢がコンプレックスの大きな原因なら、試しに誰かと付き合ってみましょう。彼氏を作るには自分磨きとかするよりも、ブルーオーシャンを狙った方が話が早い。

ブルーオーシャン（現在非モテなオクテ男子）の中にもいい男はいるので、そこから自分にとってイケてる男、マッチングする男を見つけましょう。「それどうやって見つけるの？」という方法を次に解説します。

マッチングする相手を見つける6つの方法

□3回ルール

「一緒にいて楽しい人と付き合いたい」と女子は言います。そりゃまあそうで、一緒にいて楽しくない人とは付き合えません。けれども初対面でそんな相手を探してもめったに見つかりません。

初対面はお互いに遠慮して素を見せないし、気をつかって探り合いになるもの。異性に慣れてない人や人見知りの人はますますそうでしょう。たとえ同性同士でも出会った瞬間「私たち腹心の友よ！」「がってん承知よアン！」みたいなことは世界名作劇場でしか起こらず、基本は時間をかけて仲良くなります。

おまけに男性は女性より会話やコミュニケーションが苦手な人が多く、日本人男性の半数以上が「自分は人見知りで口下手だ」「初対面の人と話すのが苦手だ」と答えています。つまり、初対面で楽しく話せる男性の方が珍しい。それにフリーで残ってるのは女慣れしてないオクテ男子なのだから、初対面で女を楽しませられるわけがない。というわけで、**第一印象でビビッとくる幻想を捨てましょう。**

既婚者の多くは「パートナーと出会った時は、結婚どころか付き合うことすら考えられなかった」と言います。私も初対面の夫に対して「ナイナイイナイありえない！」と思いました。このように、第一印象はあてにならないもの。人は何度か会ううちに気を許せるようになって「一緒にいて楽しい」と感じるし、お互いの人間性がわかってきて相性の良さも判断できます。というわけで、絶対イヤじゃなければ3回は会いましょう。**「でも自分から誘うほどじゃないし」と言いたくなった皆さん、今後は「ほどじゃない」はNGワードです。**「ドラゲナイ」はべつに言ってもいいです。「自分から誘うほどじゃないし」「まだ付き合うほどじゃないし」とか言ってるうちに気づけば還暦を迎えてしまいます。恋愛上級者は「ナイナイイドラゲナイ」と思っても**「とりあえず」誘う**のです。それで3回会って「やっぱナイな」と思ったら、その時点で判断すればいい話。恋人ができない人に共通するのは、見切りが早すぎること。絶対イヤじゃなければ3回会うルールを適用するだけで、恋人ができる率はぐっと上がりますよ。

オクテ男子の本音は「相手から誘われたら行くけど、自分から誘うほどじゃないし、断られたらヘコむし」というオクテ女子と同じもの。「それでも男ですか、軟弱者！」と睾丸を握り潰したくなりますが、そんな彼らが浮気せず家庭を大事にする良きパートナーになるのです。

初心者は男に強引に誘われてリードされると「男らしい」「愛されてる」と錯覚しがちですが、それは単に女慣れしてるだけ。ヤリチン界では「強引に誘ってリードすればヤレる」が九九における一の段なので、敵の策にハマらないようにしてください。

□家族トークをしてみる

人は何度か会わないとわかりませんが、上《う》っ面《わつら》な会話ばかりしていても深い部分は見えてきません。相手の人間性や価値観を深掘りしたければ、家族のことを聞くのがオススメ。

コミュニケーションの基本は自己開示なので「うちは両親共働きなのに父があまり家事をしない人で」など自分の話をすれば、相手も自分の家族について話します。そこから「じゃあどんな家庭を築きたい？」的な話をふれば、相手の家庭観や結婚観も見えてきます。

ただし**家庭環境で判断せず、相手の言葉や話しぶりで判断しましょう。**「親に愛されなかった人は他人を愛せない」などと単純な一般論を語る人もいます。愛されて育ったがゆえの傲慢《ごうまん》な発言なのでしょうが、愛されて育った人が皆傲慢になるわけじゃなく、違う立場の人への想像力や思いやりのある人もいる。当たり前ですが、そんなのは人によります。環境が全てを決めるわけじゃなく、どう生きてきたかで人間性や価値観は決まるのだから。それに人は結果論で語るものです。冷たい夫と離婚した後「元夫は幸せな家庭で育って苦労を知らないから」「問題のある家庭で育って愛情を知らないから」など、後付けでどうとだって言えるのです。

ついでにもうひとつ、**トラウマ萌えにも要注意。**オタク女子は特に「傷ついた過去をもつ男が真実の愛に目覚める」的な妄想シナリオの作成が得意ですが、脳内の彼と目の前の彼は違うことをお忘れなく。ちなみに乙女ゲーでは恋をドラマチックに盛り上げるため、キャラ設定の段階で「傷ついた過去」を必ず作るのですよ。トラウマ萌えは乙女ゲーで存分に満たしましょう。

□ラーメン屋作戦

「好きになれる男がいない」と悩む女子に「去年1年で新規の独身男子に何人出会った？」と聞くと「2人」といった答えが返ってくる。これは2軒のラーメン屋に行ったら両方不味《まず》くて「ラーメンって好きじゃない」と言ってるような状態。要するに、母数が少なすぎるのです。

「自分にピッタリのラーメンに出会えますように」と神社や占いに行く女子がいたら「いやラーメン屋に行こうよ、な！」と肩を叩きますよね？　ラーメン屋に行っていろいろ食べ比べるうちに「こってりトンコツはイマイチ」「海鮮ベースの塩味は意外とイケる」など好みがわかってきて、ピッタリのラーメンに出会えるもの。

「どんな男が好きなの？」と聞かれて「一緒にいて楽しい人」と答えるのは、「どんなラーメンが好きなの？」と聞かれて「美味しいラーメン」と答えるようなもの。明確にすべきは、自分がどんなラーメンを美味しいと感じるか。他人には美味しくても自分の好みに合わないかもしれないし、己の舌で判断するしかないのです。

恋愛もいろんな異性と出会う中で「自分はこんな人と合う・合わない」が明確になってきます。大切なのは、**合わないと感じた時に「なんかイマイチ」で終わるんじゃなく、理由をじっくりと考えること。逆に「この人といると楽しい」と感じたら、その理由も考えましょう。**そうやってデータ収集するうちに、自分の好みや優先順位がハッキリしてきます。そしてP50でも述べたように「書いて残す」が基本。『わくわくキノコ探検隊』のファイルの中身が増えれば増えるほど、マッチングする相手を見つけやすくなりますよ。

□思考の整理術（10枚のカード・自問自答法）

「わかった、100軒のラーメン屋に行ってみる！」と活動を始めて、めでたく結婚した友人がいます。彼女も「今までは『好きになった人が好み♡』とかスイーツな発言してたけど、大勢の男に会いまくって、何を許せて何を許せないとか自分の好みがハッキリした」と語っていました。一方で「大勢と会いまくっても『ここがイヤ』『あそこが気になる』と引っかかって決められない、全てを満たす完璧な男などいないとわかっているのに」と嘆く女子もいます。

この場合は完璧な男がいないんじゃなく、優先順位を把握できていないことが問題でしょう。**「自分がパートナーに求めるものは何か？　絶対に譲れない条件を上から順に3つ述べよ」**という問いに答えられないと、決め手に欠けて選べないのです。人はバランスよく平均点を満たす相手より、絶対に譲れない条件を満たす相手を好きになるし、関係も長続きしやすい。それこそ結婚すればケンカもするしすれ違いもあるけど、「ここだけは」というポイントさえ満たしていれば許せるし、それがないと離婚するケースが多い。

これについては誤認している人も多いのです。たとえば「誰と会っても好きにならないのは、私が面食いなせいだ」とか。そういう女子に「イケメンだったらバカで浮気性でもいいわけ？」と聞くと「いいわけないだろう」と返ってくる。つまり顔が良ければ他は許せる＝顔以外の条件は捨てられるわけじゃなくて、何を捨てられて何を捨てられないかがわかってない。だから一番わかりやすい「顔」で選んでると思いこんでる状態。

私もそれやわ！　と膝ポンした方は、優先順位を整理しましょう。まず10枚のカードを用意して、「パートナーに求める10の条件」を熟考したうえで記入してください。記入し終わったら、これまた熟考したうえカードを1位から10位まで並べてみる。その際は隣り合ったカード同士、たとえば「誠実で浮気しない」と「イケメン」を戦わせてどっちが勝ちか決めながら並べましょう。それでガチ真剣に優先順位を考えれば「絶対に譲れない条件を上から順に3つ述べよ」に答えられるようになります。この方法は人生でほしいものややりたいことを考える時にも有効なので、ぜひお試しを。

もうひとつ、思考を深めるのに有効なのは**「それってなぜ?」「それって本当?」と自問自答する方法**。

たとえばイケメンと付き合いたいなら「それってなぜ?」と自問して、理由を思いつく限り書いてみる。すると「イケメンの彼氏がいれば自信をもてるから、つまり自分がほしいものは自信だ」と思考を深掘りできます。そのうえで「イケメンの彼氏がいれば自信をもてる、それって本当?」と前提を疑ってみる。その際は自分にイケメン彼氏ができた状況をリアルに想像してみましょう。すると「自信がないままイケメン彼氏ができても、釣り合わないいんじゃ? 振られるんじゃ? と不安に陥ったり、何が目的なの？　と疑心暗鬼になるかも」→「それで自己嫌悪になって、ますます自信をなくすかも」→「やはり自信のなさをまず解決せねば」と問題の本質が見えてくる。そこで「自分に自信がない、それってなぜ？」と再び自問して、理由を思いつく限り書いてみる。それを見ながら具体的な解決策を考えて、できることからやってみましょう。

「イケメンと付き合いたいよ〜」と床に転がって手足をジタバタさせていても、手足の血流が若干良くなるぐらいで、状況は1ミリも変わりません。かくいう私も若い頃は「もう何もかもがイヤだ〜」とジタバタして「そうだ、留学しよう」「資格をとろう」「アンデスに渡って牛飼いになろう」など思考が迷子になっていました。自分が何に悩んでいるかもよくわからない状況で、問題がわからないのだから回答の出しようがなかった。そこで思考を整理する訓練をしたところ、あまり悩まなくなったし、悩んでもすぐ解決できるようになりました。皆さんもアンデスに渡る前に、思考の整理術をぜひ体得してください。

余談ですが、私のパートナーに求める優先順位第1位は「強さ」でした（ちなみに

2位は「面白さ」、3位は「(弱い立場の者に対する)優しさ」)。我が夫は格闘家なのですが、どれだけハイスペックな男が現われても「戦ったら夫が勝つわ」と思うので揺らがない。ここでいう強さとは戦闘力だけじゃなく、精神的な打たれ強さも含みます。

出会った当初の夫はダサくて貧乏で恐竜と昆虫の話しかしない奇人でしたが、何度か会ううちに「この人、心身ともにすげータフ」と気づき、他のことはどうでもよくなった。そんな私は幼少期から、りぼんよりジャンプ派で、『北斗の拳』や『キン肉マン』に夢中でした。魔界の王子様でも真壁くんよりアシュラマンに激萌えだったし、自分もアシュラマンのように強くなりたかった。強さに惹かれる指向は性別問わずで、今も仕事机にはミカサのフィギュアを飾っています。子どもの頃は「百獣の王ライオンと結婚したい」と願っていたので、種族さえも超えている。そしてジャニーズやビジュアル系バンドに惹かれたことがないのは「痩せてて弱そうだから」という理由。二次元でも三次元でも、戦闘力の低いキャラに萌えたことは一度もありませんでした。

……というように萌えの歴史をひもといてみれば、譲れない好みが見つかるかもしれません。

その後、大人になってエリートやイケメンと付き合っても長続きせず「金も顔もステイタスも私を幸せにしない」と学び、辿りついた答えは「私が本当にほしいものは、ありのままの自分を受け入れてくれるパートナー。本当に望むことは、弱い自分を見せられること」でした。

が、問題は自分より強い男に出会えなかったこと。18歳から自立して生きてきたうえ、広告業界でヤクザみたいな客を相手にしてると、どんどんドスがきいてくる。ちっせえことでオロオロしてる男を見ると「しっかりせえや！」と張り倒したくなってしまう。

自分より弱い男には甘えられないし、元彼たちに毒親の話をして「俺が守るよ」とか言われても「テメーに守れんのかよ」と思っていました。案の定、彼らは私の弱い部分や情緒不安定な部分が垣間見えると「そんな面倒くさい女だと思わなかった、サヨナラー」と去っていった。今となってはそいつらを一ヵ所に集めて空爆したいが、当時は深く傷つきました。深く傷ついたからこそ、夫に出会って「この人だ」と思えたのでしょう。

夫も父親のDVが原因で両親が離婚して、女手一つで育てられた人物でした。夫に「父親に捨てられた的なトラウマはあるの？」と聞くと「いや全然、だってキン肉マンなんて豚と間違われて宇宙船から捨てられたんだぞ」と返ってきた。また「私は男らしいとよく言われる」と言うと「どこが？　男らしいっていうのは、神取忍《かんどりしのぶ》みたいな人を言うんだよ」と返ってきて「たしかに私も神取忍よりは女らしいな」と思った。そういう夫の前では、のびのびと自分を解放できたのです。

以上、長い自分語りで恐縮ですが、男社会で日々戦っている女性は「好きな男の前では鎧を脱いで武装解除したい」「スーツやヒールを脱いでジャージに素足でくつろぎたい」と望んでいるのではないでしょうか。

とはいえ、まあそこは人それぞれ。本気でただイケ、顔さえよけりゃ全て許せる人もいるでしょう。でも「私は○○な男じゃなきゃ無理」と決めつけて思考停止せず、いろんな角度から自分を深掘りしてください。

□アンパンの法則

「アルさんはピッタリの旦那さんに出会えて羨ましい、めっちゃラッキーですね！」と言われますが「じゃあ初デートに高校時代に買った肩パット入りのコートを着てきて店の予約もしてなくて恐竜と昆虫の話ばかりされても付き合う？」と聞くと「無理です」と即答されます。

正直、私も「肩パット、ひい」とのけぞりました。ハタチの私なら「こんな肩パット入った男は無理！」と即断したでしょうが、29歳の私は「人は肩パットと結婚するわけじゃない」と学んでいた。恋愛でさんざん痛い目に遭って「ホレたハレたはもういい、伴侶がほしい」と望んでいた。それゆえ「アンパンの法則」を採用するようになったのです。

アンパンの法則とは、アンパンの皮じゃなくアンコに注目する。つまり、相手の表面じゃなく本質を見るということ。

私もハタチぐらいの頃はオシャレでスマートなハイスペック男にポーッとなり、こじゃれた店で高級ワインを注がれて「これぞ恋の醍醐味」と酔っていました。当時の私は「ときめく恋」がほしかったのでしょう。

でも生涯の伴侶として見れば、高級ワインをバカスカ頼む男に「コイツ経済観念、大丈夫か？」と思っただろうし、そんな男と結婚して出産して赤子がギャン泣きしてる時に夫が夜な夜なこじゃれた店で高級ワインを飲んでいたら殺したくなったでしょう。

当時の私は表面的な部分しか見えていませんでした。生涯の伴侶を求めるなら人間性や価値観といった深い部分を見つめるべきで、そのためには何度か会って会話を重ねる必要があり、肩パットで足切りしてはダメなのです。表面的な部分に気をとられていると深い部分まで辿りつかないし、なにより自分も表面だけで判断するような男はイヤじゃないですか。

と書きながら「どの口が言ってんだ？」とセルフ顎クイしてやりたい。「お仕置きだな、ククッ」とドSに唇は奪いたくないが、過去の私は男のアラ探しをしては女子会でネタにするのが趣味でした。というか今も男の悪口をつまみに酒を飲むのは極上の喜びですが、アラ探しがクセになるのはまずい。重箱の隅をつつくようにアラを探すと本質が見えなくなるので、恋愛対象外のオッサンやチャラい既婚男は思う存分デイスって、独身男子は温かい目で見ましょうぞ。

特に**グルメ偏差値の高い女は、お店が気に入らないだのオーダーの仕方がイマイチだの文句を言いがち**です。弁護士の男友達が母校の学生たちを食事に連れていった際「普通の創作居酒屋なんだけど『いつもは和民しか行かないから』って女の子たちがスゲー喜んでくれてさ」と感動していました。それを聞いて「私が男でもそっちを選ぶな」と思った。マトモな男は「こんなレベル低い店しか知らないの〜？」なんて調子乗った女は願い下げでしょう。

「こんな素敵なお店、初めて♡」と男に媚びろと言うんじゃない。ただ、相手が選んでくれた店に文句をつけるのは人としてどうなのか？　という話です。我々も手料理に文句つけられたら「二度と作るものか」と決意するし、食器が宙を舞い血の雨が降る惨劇になるでしょう。また、相手が同性だったら？　と考えてください。女友達がイマイチな店を選んでも文句など言わないし「次は私が美味しい店に連れてってあげよう」ぐらい思いませんか？

三歩下がってついてこいなんて男はまっぴら！　と男女同権を叫びつつ、恋愛やデートは男がリードするべきだと望む。それは「バリバリ働きつつ家事育児もしてほしい」と望む男と同じで、**己のダブルスタンダードっぷりを自覚すべき**なのです、と過去の自分に言ってやりたい。私も若い頃は調子に乗ったバカタレでした。

「オシャレで高収入でグルメで話し上手で、かつ誠実で結婚向きの人と出会いたい！」と抜かす女がいたら**「だったら乙女ゲーすればいいよ、課金すればサクサク進むよ！」**と返すでしょう。己の願望を全て満たせと他人に求めるのはエゴ。だからって願望自体を捨てる必要はなくて、タコ足配線すればよいのです。私は夫とは外食や旅行に行かず、女友達と行きます。だってその方が楽しいから。夫とグルメな店に行っても全て丸飲みするし、「沖縄でも行こうか」と言うと「じゃあ野宿しよう」と返され「じゃあって何だ！」と叫びました。そんな夫は家でくつろぎながら食事するのにベストな相手、ハレとケのケを楽しめるパートナー。

電力を一ヵ所だけに頼っていたら、それがなくなった時に停電になって自分が困ります。外食や旅行に行く相手・仕事の相談ができる相手・趣味の話ができる相手……など、供給元は多数あった方が望ましい。皆さんも配線図を整理してみてください。

□富士山デート

人はトラブルが起こった時に本性が表れるもの。交際が順風満帆な時は「どんな時もキミを守るさ」とか言ってた男が、いざトラブルが起こるとアッサリ逃げるのはよくある話。私も過去に逃げてった元彼たちに対し「この恨み忘れてなるものか」と呪《じゅ》詛《そ》を唱えてきましたが、最近は加齢のせいか肝心の名前が出てきません、困ったものだ……って何の話だっけな？

そうそう、人はトラブルが起こった時に本性、すなわちケツのアナルのサイズがわかるものです。

作家の酒井順子さんが東日本大震災の被災者の方々に取材された『地震と独身』の中に、被災された女性の印象的な言葉がありました。「震災の後、独身の女友達とは、『もう男の人を見誤らないね』って話すんです。揺れた直後は、色々な人を見ました。避難所では、自分だけ良ければいいという風に上手に立ち回る人とか、外見は恰好いいけど全く頼りにならない人とか。だから、そんな人よりは、格好悪くても、イザという時に頼りになる人の方がずっといいですよね。結婚に対しても意欲は高まったし、以前よりずっと積極的に結婚に向かって動くことができるようになったと思います」

私も阪神大震災を経験したので深く頷きました。避難所では子どもやお年寄りに水や食料を配る人もいる一方、自分のことしか考えてない人、自分の家や財産のことばかり気にしてる人もいました。

極限状況ではまさに「アンパンの皮じゃなくアンコ」が露呈します。たとえばお金を稼げる男は頼りになると思いがちだけど、彼らはお金が通用しない場ではものすごく弱い。避難所の固い床に寝るとか、水や食料のために並ぶとかできない。温室育ちのエリートは緊急事態に対応できず、オロオロして文句ばかり言うのです。そういう状況では「草を食ってでも生きてやる」というタイプが5億倍頼りになる。

我々はいつ自然災害や事件やテロが起こるかわからない世界に生きています。「そういう時、そばにいてほしいのはどんな男か?」「相手はどんなふうに行動するだろう?」と想像すれば、大切なことが見えてきます。

子育てや介護も極限状況になるもの。寝不足でクタクタの時に赤子が泣き続けるとか、仕事で切羽詰まってる時に子どもが熱を出すとか。そういった困難を共に乗り越えていくのがパートナー。という意味では、一緒に富士山などに登ってみるのもオススメ。酸素の薄い過酷な状況に行けば、街でデートしている時には見えない部分が見えるでしょう。

私にとって富士山は真冬の八甲田山に相当するので（たぶん死ぬ）、夫と六甲山に何度か登りましたところ、夫は素手でヘビを捕まえていました。また「蜘蛛《くも》はチョコレートの味がする」などの豆知識も教えてくれた。ヘビや蜘蛛は大して食べたくないが、いざという時は食料を調達できる男じゃないと困ります。皆さんも「順風満帆な時」じゃなく「いざという時」ベースで男を見極めてくださいね。

とはいえ、ときめきたい女子に5つの提案

「恋愛のときめきもほしい、結婚の安らぎもほしい」と望んでも両立は難しいもの。ときめきと安らぎは真逆の代物《しろもの》だし、女をときめかせられる男は基本ヤリチンなので、ときめかない男を選ぶ方が幸せに近づきます。とはいえ「1ミクロンもときめかない男とは付き合えない」という気持ちもわかる。私もさんざんやり尽くしたからこそ「ホレたハレたはもういらぬ」と思えたわけで、経験の少ない女子は「私もちっとは

恋愛気分を味わいたいよ！」と思って当然でしょう。そんな皆さんに5つの提案があります。

提案①「萌えで探す」

女友達の1人は**「色白痩せスーツ眼鏡萌えオフ会」で結婚相手を見つけました。**どんな男に萌えるか明確であれば、そんな男が集まる場所に行くのがオススメ。別の女友達は筋肉萌えで、現在の夫も歴代の彼氏も全員スポーツジムで知り合ったゴリマッチョです。

私も戦闘力の高い筋肉萌えなので、結婚して10年たった今でも夫の風呂を覗いたりトレーニング姿を隠し撮りしたりしています。萌え＝己のときめきのツボを満たしていれば、世間的にはブサメンでも自分的にはイケメンに見えるもの。オッドアイ萌えや人狼萌えは難易度高めですが、眼鏡や筋肉程度なら探せば見つかることでしょう。

提案②「萌えに改造する」

色白痩せスーツ眼鏡萌えオフ会に行かなくても、色白で痩せ型の男子にスーツと眼鏡を追加すれば萌えに改造できます。ここでも初めから完成型を求めず、プロデュース能力を発揮しましょう。

とはいえ強制的になるのはマズいので、相手が嫌がらない範囲で「私、ヒゲ坊主に萌えるんだよね、○○くんも似合うかも♡」と勧めてみるとか。我々も強制されるのはイヤだけど、彼氏好みのファッションをして喜ばれると嬉しかったり、意外に似合うと気づいたりするもの。

ちなみにベッドではドMの女友達は、歴代の彼氏をベッドではドSに改造してきたんだとか。彼女の夫は穏やかで優しい人なのですが「セックスではドSに変身して、そのギャップに萌える」とのこと。このようにギャップ萌えを狙うのもアリかもしれません。

提案③「キスしてみる」

相手は自分と真剣に付き合いたいと望んでいる、だが自分はイマイチその気にならぬ、という場合。試しにキスしてみて、吊り橋効果（状況的にドキドキするのを恋のドキドキと錯覚して好きになる仕組み）を利用してみましょう。好きだからドキドキすることもあるけど、ドキドキするから好きになることもあります。よっぽどイヤな男じゃない限りキスとかしたら多少はドキドキするため、それをキッカケに恋愛スイッチが入ることは多い。逆にキスして「やっぱ無理！」と思ったら無理だし、話が早いと言えます。

男がキスしたくなる場所、デート帰りの夜道や公園や駐車場の車中、夜の波止場や夜景スポットや観覧車など、そういった場所で無言で相手を見つめて「キスせよ!!」と念を送れば、だいたいの男はキスしてきます。それでキスして無理じゃなければ、試しに付き合ってみましょう。

提案④「欲情されてみる」

「いい人なんだけど、セックスしたいと思えない」はよく聞く言葉ですが、そもそも「この男とセックスしてえ……!!」と熱いエロスやパトスがほとばしる女子は少数派です。オクテ女子は特にほとばしらぬこと氷の如し。

個人差はありますが、女は「セックスしたい」と思われることで「セックスしたい」と思う傾向が強い。つまり他者に欲情されることで欲情のスイッチが入る仕組み。

男は全裸の美女が目の前にいたら勃つけれど、女は全裸の美男が目の前にいても濡れなくて、その男に求められて初めて濡れる。つまりセックスすることで「セックスしたい」と思うのです。

かつセックスを重ねるごとに愛情が増すケースは多い。人はスキンシップしたりオーガズムに達すると、愛情や幸福感を感じるオキシトシンというホルモンが分泌されるんだとか。ゆえに「ヤったら好きになっちゃう現象」や「セックスがいいと離れられない現象」が起こるのですね。また冬場などは「人肌の温もりっていいなあ……」としみじみ感じ入るものです。

というわけで、相手が**真剣な交際を望んでいて、かつ人間的にいい人なのであれば、試しに付き合ってセックスするのもアリでしょう。**

提案⑤「愛されてみる」

長続きしているカップルは花火じゃなく炭火型、花火のように派手に燃え上がるんじゃなく、炭火のように地味にじわじわと燃え続ける関係がほとんどです。恋の熱に浮かされてないぶん、恋は盲目状態にならず冷静に相手を見極められるからでしょう。

私も夫と出会った時「これ全然火ついてないけど大丈夫か？」と不安になるぐらい、まるで燃えていませんでした。それでも付き合ってみたら、驚くほど精神が安定したのです。

過去の私はケンカになると「もういい！　別れる！」と部屋を飛び出し、相手が追いかけてくるのを待つような面倒くさい女でした。見捨てられ不安が強かったため、相手が離れていかないか試したかったのでしょう。自分を愛さなかった親や過去の男たちに対する恨みや怒りをぶつけていた部分もあると思います。私の場合はツイッターで「もう疲れちゃった、楽になっちゃダメかな」と呟くわかりやすいメンヘラ系ではなく、平素は強く明るく元気なジャンプの主人公系だが、数ヵ月に一度、闇に落ちるタイプでした。

そんなクソ面倒くさい私に愛想をつかし、歴代の彼氏たちは離れていきました。一方、夫はいかなる時も「俺は別れる気はない！」とキッパリ言ってくれて、この人は離れていかないと確信をもてたら、かつてない安らぎを感じました。そんなふうに愛されて安定したら、愛情がドドドと湧いてきた。これまで裏切られるのが怖くてストッパーがかかっていたのが外れて、夫を全開で愛せるようになり、愛し愛される関係が成立しました。

すると一気に情緒が安定して仕事にも集中できて、そりゃ感謝も湧いてくるもの。「あの地獄から救ってくれてありがとう」と日々拝むような気持ちで、ときめきとかセックスとかもうどうでもいい。そんなものクソの役にも立ちゃしねえというのが実感です。

どんな時も味方でいてくれて、甘えても受け入れてくれる存在。毒親育ちの私にはそういう存在が必要だったのでしょう。「夫は私にとって親みたいな存在、夫に育て直されてる気がする」と語る女子は意外と多いものです。歪んでるように見えるかもしれませんが、歪んでない人間なんていないのですよ。

女友達にも、愛されてみて幸せになった女子がいます。彼女は筋金入りの面食いでしたが、夫は小川直也にソックリで、第一印象は「人よりもゴリラに近い存在」だったそう。が、彼の猛アタックで付き合い始め、結婚13年目の今もすこぶる仲の良い夫婦です。「時間がたつほどにどんどん夫を好きになっていく」と言う彼女。

そんな彼女は父親が浮気して家族を捨てた過去があり、男に対する不信感から男を好きになれなかったらしい。それで「どうせ好きになれないならゴリラと結婚してみっか」と試しに結婚したそうな。彼女いわく「ときめきとか一切なかったけど、夫には弱音を吐けたんだよね」とのこと。「自分が家族を守らねば」とふんばって生きてきて、弱みを見せられない性格だった彼女が、夫の深い愛情に触れて「この人にはどんな自分を見せても大丈夫、カモ？」と思えたそうです。

見捨てられ不安を解消するには、**思い切って愛されてみること**。「馬には乗ってみよ、人には添うてみよ」という言葉がありますが「男には愛されてみよ」と提案したい。自己肯定感が低いと「私の何をわかってるの？」「こんな私を好きなんてキモい」と思ってしまい、好意を素直に受け取れないもの。でも自分の嫌いな部分も「そこが好き」と本気で言われたら好きになれたりと、愛されることで自己肯定できることは多い。もちろん誰でもいいわけじゃないけれど、「この人だったら愛されてもいい、カモ？」と少しでも思ったら、勇気を出して受け入れてください。

私は夫の「一度好きになったモノはずっと好き」なオタク気質に救われました。夫の保育園の文集には「おおきくなったらきょうりゅうになりたい」と書かれていて「恐竜になりたかったの？」と聞くと「今でもなりたい」と返ってきた。

女をときめかせるのが得意な肉食系は落とすまでが楽しい人種で、落とした後はテンションが下がるため、瞬発力はあるが持久力がない。一方、オクテ男子は女を落とすのは苦手だけど、１人の女を愛し続ける持久力がある。結婚とは何十年も続く長距離走、ロングスパンでパートナーを選ぶのが幸せのカギだと思います。

女子校マインドと相性のいい「3タイプの男」

オクテ女子には女子校マインドをもつ人が多いもの。**女子校マインドとは「男にモテるより女に受ける方が嬉しい！」「女同士の方が楽だし楽しい！」**「男受けとか意味わかんない、私は私だし！」的なマインド。

これは実際に女子校出身かどうかは関係ありません。女子校出身でも共学出身でも、この手のマインドをもつ女子は一定数存在して、私が仲良くなるのは全員このタイプ。彼女らは個性的で魅力的だけども、恋愛には縁遠い女子が多い。

先日も女子校時代の同級生と集まった時、１人が「前に彼氏がいたのっていつだろう？　遠い記憶すぎて思い出せない」と空を見つめつつ「私の名は……ルシータ・トエル・ウル・ラピュタ」と呟きました。すると隣にいた1人が「ら、ラピュタ？　それじゃあ」とかぶせました。「いやあんたらシータとパズーじゃねえし！」とつっこむ私。恋バナしていたはずが、なぜかボケとツッコミに。これが女子校ノリというもの。そんな彼女たちから出るのが「私たち、女子校育ちをこじらせてるよね」という言葉。たしかに「女子校育ちは大人になって恋愛で苦労する」といった説をよく聞きます。

あれは私が広告会社に入社して1年目のことでした。30過ぎの先輩Iさん（肉食チャラ男）に「おまえ女子校出身だろ？　同級生とコンパセッティングしてくれよ」と頼まれたのです。コンパ当日、男5人女5人が集まった席で、私は「友人たちは可愛いし面白いし、きっと盛り上がるだろう」と予想していました。案の定、彼女らはいつもの爆笑トークを繰り広げたのですが、男性陣のノリが悪い。そして翌日「なんか思ってたのと違った。俺がイメージしてた女子校じゃなかった」とIさんに低い声で言われました。

たしかに友人Aちゃんは「私、風呂に入らなくても平気なんです！」と堂々宣言していたが、当日は風呂に入ってきてたし、職場で「乳首がかゆい」とバリバリ掻いて周囲を唖然とさせたBちゃんも、コンパの席で乳首は掻いていなかった……なのに、なぜ？

まあ要するに、**彼らは「すごーい！　面白ーい！」と自分の話に笑ってくれる女を求めていたのであり「なんで女が笑わせて盛り上げるんだ」と忸怩《じくじ》たる思いだったのでしょう。**22歳の私は、肉食系は女に負けたくない・女より上に立ちたい生き物だと知らなかった（当時は肉食・草食という言葉も流行る前だったし）。

が、男性陣の中に1人だけ種族の違う人物がいました。それは入社2年目のNさん（24歳）で、Nさんは彼女もちだったけど、オーダーをとったり会計をまとめる補佐役として先輩に呼ばれたのです。コンパ中、彼だけは楽しそうに笑っていました。翌日も「昨日はすごく面白かった！　アルの友達っていいなあ」と褒めてくれた。そんな彼は女にガツガツしない草食系で、とても頭の良い仕事のできる人でした。

現在一番出世しているのはNさんです。己が下剋上したわけじゃないのに「ザマーミロ！」と叫ぶ私。肉食の方が仕事できるなんて真っ赤な嘘だ。

Nさんは学生時代からの付き合いの彼女と結婚しましたが、奥さんも女子校出身で面白い人なんだとか。これぞマッチングというもの。面白い女を好む男は少数派だけど存在するし、その少数派こそが我々の票田なのです。

女子校にもいろいろありますが、私はプロテスタント系の私立の女子校で中高時代を送りました。良妻賢母教育とは真逆の「女性も働いて社会に貢献しよう」的な教育方針で、校則もほとんどない自由な校風。モテヒエラルキーも存在せず、おのおのが好きなことに邁進《まいしん》しつつ共存している感じでした。

我が母校は「処女率日本一」と噂されており、高校でも彼氏のいる子は数えるほどで、非処女は3％以下だった気がする。そして非処女と非モテも仲良しで、非処女が描いたペニスの絵を見て「ギャーキモー!!」と集団ヒステリー状態になっていた。あと教室に蜂が入ってきた時もテンションが上がって大変だった。

そんな女だけの環境で思春期を過ごし、生徒会長も女なら副会長も女が当然の世界で育つと「男を立てる、男に媚びる」なんて理解不能だし、「人生の舵は自分が握る！」という人材ができあがる。そしていざ外の世界に漕ぎ出した時「なんじゃこりゃあ!!」と叫ぶのです。

女だけの楽園を出たら、そこには男社会が広がっていました。

飲み会でお酌しないと「気がきかない」と言われる世界。「女のくせに」「女なんだから」と言われて「人」じゃなく「女」として扱われる世界。そこで私は「女らしくしなきゃ」と思うんじゃなく「駆逐してやる……！」とエレンのように瞳孔が開いた。

女子校マインド女子は男尊女卑アレルギーが体に染みついてます。それは今さら変わらないので、体質に合う男を探した方がいい。

アレルギー判定の基準の1つは**「おまえと呼ばれてムカつくか」**。

女子校の同級生たちは「男におまえと呼ばれると『誰がおまえじゃ！』と胸ぐらをつかみたくなる」と言います。ヤリチンのモテテクに「『おまえ頭悪いな』とディスると女はキュンとして落ちる」がありますが、男尊女卑アレルギーの女子にそんなこと言おうものなら、肛門に爆竹をつめてパンパン鳴らされるのがオチです。

そんなわけで、女子校マインド女子は「おまえと呼ばない男」や「お酌を求めない男」を探しましょう。世の中にはニッチな需要もあります。で、ニッチであればあるほど出会った時にマッチングしやすい。

たとえば私は高校時代、暴力事件を起こしました。陰湿ないじめを繰り返す女がいて、「血祭りにしてやる」と思い、そいつを呼び出してボコボコに殴ったのです。当時「我が校始まって以来の事件です！」と大騒ぎになって大変でした……という話をすると9割の男は引くけど「いいなあ！」と目を輝かせる男が1割程度いて、その1割とはとっても相性が良い。

数は少ないけど、そういう珍獣マニアも存在します。ちなみに夫にこの話をしたら「キミのパンチじゃ蚊も殺せないぞ、もっと軸足に体重を乗せて！」と格闘指導されました。

女子校マインドの友人たちには珍獣系が多く、そのパートナーは3種類に分けられます。

1つめは**観客タイプ**。超個性的で面白い女友達は「夫は最高の観客だ」と話してました。夫は彼女の話にいつも大笑いして「奥さんのお陰で毎日楽しい」と言ってくれるそう。妻も夫を笑わせることに手応えと満足を感じるらしく、WIN－WINな組み合わせと言えるでしょう。

2つめは**天然タイプ**。世間ズレしてないマイペースな性格で、珍獣妻が何しようが「○○ちゃんて面白いよねー」と呑気に笑ってくれる夫。しかし夫自身は「知ってた？　豚足って豚の足なんだよ！」など斜め上の発言をして「だから豚足って言うんだろうがｗ」と妻を笑わせる。そんなオモロイ女とカワイイ男の組み合わせ。

3つめは**珍獣タイプ**。我が夫はこれにあたります。「私も狂ってるが、あんたも相当狂ってるよな」と均衡がとれているため上手くいく組み合わせ。周りから「マニアックな相手が見つかってよかったね！」と寿《ことほ》がれつつ「変人夫婦」と呼ばれます。

珍獣妻たちは「夫は面白さ重視で私を選んだみたい」「私と結婚したら人生面白いと思ったらしいよ」と言います。

スタンド使い同士は引き合う法則のように、面白さ重視の者同士は引き合うらしい。スタンドを覚醒させるためにも、自分に蓋をするのはやめましょう。面白さはかけがえのない魅力なのだから、抑え込むなんてもったいない。面白くなりたくてもなれない人は多いのだから、コンプレックスに思う必要はありません。なにより面白い女は女受けするし、それは年をとっても減らない才能。ロングスパンで考えると、女受けする方が豊かで楽しい人生を送れます。ただし**初対面でテンション高すぎると男はびっくりするので、そこだけは注意しましょう。**ワーッと早口でしゃべらず、仁鶴トーク（落ち着いた口調でゆっくり話す）を心がけて。

この原稿を書きながら、夫に「乳首がかゆいってバリバリ掻く女がいたらどう思う？」と聞いたら「面白い子だなと好感を抱く」との答え。「女のくせに」と眉をひそめたり「女らしくしろ」と説教しない男、女子校マインドを面白がってくれる男もいます。「そういう男って意外といるよね」「10人に1人か2人はいると思う」が珍獣妻たちの意見。皆さんも自分マニアを探すべく、人生の舵をとって前進してください！

第五章　もう若くない！

アラフォー女子よ加齢を武器にせよ！

女は加齢によって結婚市場での価値が下がる、と言われすぎて中耳炎になりそうな世の中ですね。実際、子どもを望む男性は大抵35歳以下の女性を希望するし、30過ぎた女と付き合うとすぐ結婚を迫られるんじゃと及び腰になる男性も多い。よって「本気で結婚したいけど俺はまだ本気出してないだけ」というアラサー女子には「今すぐ本気出せ」と言います。そしてアラフォー女子には「加齢を武器にせよ！」と右手を心臓にあてて叫びます。

周りを見ても、加齢を武器にして幸せな結婚をした女性たちがいます。たとえば「年をとって経験値が高くなると男に求めるものも高くなる」と言われるけれど、逆パターンも多い。若い頃はこじゃれたレストランで男にエスコートされるのが嬉しかったけど、年をとるとそれがナンボのもんじゃと思うようになり「ファミレスでも楽しく話せる相手がいい」に変わったりとか。

加齢の最大のメリットは、男に完璧を求めなくなること。若い頃は demanding（欲求過多）で「ありのままの私を受け入れて」と望みつつ、男には「理想どおりになって」と望みがちですが、年をとると**「自分も完璧じゃないように相手も完璧じゃない」**と悟りを開き、ありのままの相手を受け入れられるようになる。男女共にありのままの自分を肯定してほしいと強く望んでいるため、これは強力な武器になります。

とはいえ「加齢してもわらわは姫！　姫扱いしたもれ！」と年食ったかぐや姫みたいな女もいて、これは始末に負えないので「そうですか、頑張ってください」と言うしかない。

友人のY子もアラフォーで幸せな結婚をした一人です。彼女は38歳の時に29歳の夫と結婚したのですが、夫は理系エリートでロボット研究会出身。顔は可愛らしいけど服装等には無頓着で、女にガツガツしてないタイプ。

彼と出会った当初、デートに誘うのもお店を予約するのもY子だったそうな。「もっと若ければ男に誘ってほしいとかリードしてほしいとか求めたけど、そんなのフガフガ言ってる年じゃないし、私の方がお店に詳しいんだから自分で予約すればいいと思った」とのこと。

夫婦ともオクテで付き合うまでに半年以上かかりましたが、いざ付き合うと2ヵ月で結婚しました。真面目な夫にとっては「付き合う＝結婚」だったわけですね。こういう話を聞くと、アラフォー彼女とズルズル同棲を続け「べつに今のままでよくね？」とほざく男をはりつけ獄門に処したくなります。

そんな彼に「Y子のどこに惹かれたの？」と聞くと「若い女の子に仕事の話をすると『すごーい』『もっと教えて』とか言うけど、本当は興味ないのがわかった。でも彼女は『その技術はこういう分野に応用できないの？』とか真剣に聞いてくれて楽しかったし、頭が良くて仕事のできる彼女を尊敬した」とのこと。

これも底引き網漁じゃなく一本釣り。男が教え好きなのは真実なので「すごーい、教えて」は撒き餌にはなるし、モテを経験して自信をつけたい人はどんどん使っていけばいい。けれども、それでザコは釣れても本命が釣れるとは限らない。

なぜなら頭のいい男は嘘を見抜くし、女と手応えのある会話をしたいと望んでいるから。**王道モテのキラキラ女子が苦手な男、女に若さや美貌よりも知性や面白さを求める男は存在します。**そんなお宝フィッシュは理系エリート・インテリ・オタク層に多く生息しているので、見かけたら即、竿を振りこみましょう。彼らは「知的好奇心が強くオタクジャンルに強い」といったマニアックな餌に食いつきます。そしてオクテな彼らにリードなどビタ一文求めず、みずからリードいたしましょう。

オクテ男子は肉食系と違ってギラギラした競争心がないため、無駄に張り合おうとしてきません。さらに女が年上だと「頭が良くて仕事のできる彼女を尊敬した」と素直に言ってくれる。前述のY子の同世代の元彼は自分よりデキる女や目立つ女はイヤなタイプだったため、彼女はプライドを刺激しないよう気をつかっていました。**仕事ができるようになりたくて頑張ってきたのに、男の前で仕事できないフリをしなきゃいけないジレンマに苦しむ女子は多い。**「そんなスモールアナルな男、ケツ毛をちぎって投げつけてやれ！」と思いますが、ちぎって投げるほどのケツ毛もないし、仕事が原因で男に振られるのはキツいもの。一方「夫の前ではのびのびと仕事の話ができる」とY子。

また女も若い時は「あらゆる面で自分より上の男」に憧れて、仕事のできる年上男などに股がビッシャビシャになりがちですが、自分が仕事で自信やキャリアをつけると憧れは消えて股はカッサカサになり、**「仕事と恋愛は別、それぞれがお互いの分野で頑張ればよい」と真理に辿りつきます。**

なお、年下の彼氏に「もっとこうすれば」とやたらとアドバイスしたがる女子もいますが、相手は「信頼されてない、子ども扱いされてる」と感じるのでやめましょう。自分だって求めてもないのにアドバイスされたらウザいもの。余計な口出しをしない方が、相手は本当に必要な時に相談してくるものです。

Y子も夫の無頓着ぶりに「その寝グセで会社に行く気か!?」と仰天して、ベランダで散髪してあげたそうな。オカンか！　とつっこみましたが、彼女は母親役をやっているわけじゃなく、二人はきわめて対等な関係です。Y子は「いざという時は彼の方が冷静で頼りになる」と言っているし、夫の「彼女は年上でしっかりしてるけど、自分がちゃんと支えて守りたいと思う」という言葉にハラハラと涙しました。そして「小学生の時にエヴァ観てたんだ、私大学生だったわ」と若さにクラクラしました。

現在、（夫が）年下婚が4組に1組まで増えているそう。周りにも年下婚カップルが急増していて、10歳ぐらいの年の差も珍しくありません。と書くと年下男をグイグイリードする女傑的なイメージが浮かびますが、意外とオクテ同士のほっこり落ち着いたカップルが多い。

若い時は「グイグイ引っ張ってくれる人がいい♡」と夢見ていた女も、アラフォーになると「いや私が行きたいのそっちじゃねえし！」と揉める原因になります。片方がリードする・される関係じゃなく、二人で並んで歩いていける関係がベストだと気づく、それが加齢の素晴らしさかもしれませんね。

年下婚が急増する真の理由

もちろん男が年下だからいいってわけじゃありません。特に母性や包容力のありすぎる女子はろくでもないマザコン男を引き寄せ、ふと気づくとヒモ状態になっていたりする。**「今までの彼女は全員年上！　それもかなり年上！」と年上好きを公言する男には注意しましょう。**そういう男の中には「年上女は何でも許してくれる」が本音の隠れモラハラ男も潜んでいるので、「私にもチャンスがあるかも！」と食いつかないように。年齢だけで判断せず、しっかりと相手を見極めましょう。

とはいえ周りの年下婚カップルを見ていると、アラフォーと年下男の相性の良さを実感します。理由としては、彼らに保守的な結婚観がないことが挙げられます。「男も家事育児をして当然」がデフォルトの世代は、女に良妻賢母願望を押しつけない。「年下夫は俺がやってあげてる感がないし、家事育児スキルも高いのでありがたい」が妻たちの意見。私もおじさん世代と話していると「ちゃんと旦那のご飯作ってんの？」「夜飲みに出て旦那は何も言わないの？」とか聞かれてカチンときて、サミュエル・L・ジャクソンばりの表情でSワード連発しそうになりますが、年下との会話ではめったにカチンときません。若い世代には「男がメインで稼いで養うのが当然」という意識もないため、経済的に自立したアラフォー女とマッチングするのでしょう。

そういった理由もありますが、アラフォー女の一番の本音は「おじさんはお父さんに見えちゃって恋愛対象にならない」ではないか。

アラフォーの友人たちは「この年で見合いすると相手はおじさんなのよ。独身で残ってるのはダンディなおじさまじゃなく普通のおじさんなの。で、普通のおじさんってお父さんに見えちゃうのよ」と言います。たしかに火野正平みたいなタイプは見合いには現われないだろうし、お父さんみたいな人とはキスやセックスができない。自分だっておばさんだし年齢的に釣り合いがとれているとわかっていても、生理的感覚はままならないもの。友人たちは実年齢は40歳でも30歳くらいに見える女性も多く、はたからみても親子感が漂う。

「お見合いしたおじさんのゴルフ焼けした顔のシミが天の川のようで、じっと見つめてしまった」という友人。見つめれば見つめるほど「お父さん……」と思ってしまい「キス……セックス……無理！」と脳内シャウトしたのでしょう。別の友人は「婚活で会った人、やたら胴が短くてさ」と言うので「足が長いんじゃなく？」と聞くと「いやベルトの位置が高くて、要するに股上が深いのよ」。ズボンの股上が深いのも、おじさんあるある。股上が深くても結婚生活に何ら支障はないが「股上ふかっ！」と思いながら付き合う気にはなかなかなれない。

声を大にして言いますが、我々は「男は若けりゃ若いほどいい」と思っているわけではないのです。ただ老け専やファザコンじゃない限りお父さんとは性行為できないし、「近親相姦タブーを犯していいのか？」的な生理的感覚はどうにもならない。

48歳で35歳の夫と再婚したバツイチ美女は「フリーの異性の知り合いの中で『セックスできる男』が彼しかいなかったの」と言っていました。そんなわけで、婚活してみて「おじさんは無理」と気づいたら、年下にシフトすることをオススメします。

キラキラ女子の末路、オクテ女子の逆転

『ベルサイユのばら』のオスカルがアンドレと結ばれる場面でこんな台詞があります。

「心やさしくあたたかい男性こそが　真に男らしいたよるにたる男性なのだということに気づくとき　たいていの女はもうすでに年老いてしまっている……と……」

この時、オスカルは33歳。現代日本で33歳は年老いてはいないが若い女とは言えないお年頃で、このあたりが切り替え時でしょう。オスカルも最初はプレイボーイで貴族のフェルゼンに一目惚れしたけれど、最後は幼なじみで平民のアンドレを選んだ。

プレイボーイの王子様を選ぶか、一途《いちず》に愛してくれる幼なじみを選ぶか……「どっち

もええ男やないか！」という声が聞こえますが、要するに価値観を変換できるかということ。

若い頃のまま価値観の変わらない「年食ったかぐや姫」タイプの女性もいます。彼女らは二十代の頃「若い美人」としてハイスペ男や既婚者にチヤホヤとお姫様扱いされたため、30過ぎても要求が高いままか「この年まで待ったんだから」と要求が上がったりもする。自分＝お姫様という認識は変わらなくても、状況は変わっていきます。そういう女性は「若い女が好きな層」に支持されてきたため、30過ぎると支持基盤を失ってアイデンティティクライシスに陥り、若い女に嫉妬して毒リンゴを送る魔女系に変身することも。日本のおとぎ話のヒロインから西洋のおとぎ話の悪役に転身する末路を見ると「キラキラ女子が一番しんどいかも」と感じます。彼女らはハピエンが「ハイスペ夫と結婚してセレブ主婦」というＶＥＲＹ妻一択なため、そのルートを外れた時に選択肢がない。うちの母も元祖ＶＥＲＹ妻系だったのですが、夫の事業がポシャって離婚してアル中一直線になるバドエンを見てきた娘としては「選択肢は多い方がいいよ」と忠告したい。まあキラキラ垢で活動する人々にはブスでババアの妬《ねた》みと言われますので、ブスでババアは遠巻きに見ておりますが。

逆に若い頃モテなかった女性は要求が高くないため「リラックスして付き合えるパートナー」として異性の評価が上がります。男も結婚相手に求めるのは「リラックスできること」「贅沢《ぜいたく》を好まないこと」「股が固いこと」なので、オクテ女子は生涯の伴侶にもってこい。

そもそも非モテな男女は結婚向きなのです。若い頃モテてきた人は恋愛欲やモテたい欲を捨てられず浮気して家庭を壊す人も多い。ドラッグの再犯と同じで「あの快楽がないと生きていけない」と禁断症状に陥るから。一方、非モテは「恋愛の快楽？何それ美味しいの？」だし、非モテの苦しみを味わってきたためパートナーや家庭を大事にします。しかもオタクは妄想で萌えを満たせるし、趣味で日々充実できるためパートナーに過剰な要求もしない。男受けより女ウケ重視だった女子は女友達に恵まれていてタコ足配線先も多い。そんな幸せに辿りつくためにも、**「若い頃より年とった方がモテる」逆転勝利を狙いましょう。**

逆転勝利した先輩たち、アラフォーで年下婚した女性の夫たちは「彼女といると年の差を感じなかった」「二人で子どもみたいに楽しめた」と言います。そして妻たちは「彼とはお弁当もってピクニックやらハイキングやらに出かけて、学生時代みたいなデートを楽しんだ」とおっしゃる。若い頃は背伸びして大人なデートに憧れたけど、年をとると子どもみたいに過ごせる相手が貴重に思える。若い頃は子どもっぽい男は敬遠したけど、年とるとその子どもっぽさが可愛く見える。あと若さゆえのバカっぽい言動も面白がれる。

そんなわけで、**ヘタに大人の女ぶるのはやめましょう。**「私はホンモノの贅沢を知ってる女、あなたにも教えてあげるわ」とマイフェアレディプレイ、オッサンの遊びみたいなことをしたがる女性もいますが、たかり気質の男を引き寄せたり、成長の踏み台にされるだけで対等なパートナーシップは築けません。アラフォー女子はホンモノの贅沢を知るより、ピクニックやらハイキングやらに同行できるよう足腰を鍛えることをオススメします。

その他、年下夫がアラフォー妻の魅力として挙げるのが**「精神的な落ち着き、メン**

タルの安定感」。彼らいわく「同世代の彼女と付き合ってた時はしょっちゅうキレたり不機嫌になられて、エキセントリックさに疲れた」とのこと。

これは私も耳が痛い。私も若い頃はエキセントリック破壊兵器でしょっちゅう爆発していました。「なんでわかってくれないの？　ドッカーン!!」と感情をぶつけて壊した関係は数知れず。古より男女間には「なんで察してくれないの？　言ってくれなきゃわからないよ！　戦争」が繰り広げられてきましたが、人類には超音波や脳内ツイートで交信するイルカやニュータイプ的能力はありません。おまけに男女の行動研究でも「女は些細な仕草や表情や態度から、相手の感情を読みとるのが得意。男はそれが苦手なので言葉を重視する」という傾向があるそうな。もちろん性差の前に個人差がありますが、一般的に男は言わなきゃわからない人が多い。そして女も若い頃は血気盛んでドッカンドッカン爆発しがち。

けれども年をとると、一方的に感情をぶつけるのではなく、アサーティブに相手に伝えるスキルが身につく。またケンカする体力もなくなってきて「ドンパチせず話し合いで解決しようや」と平和外交ができるようになります（そのあたりに自信のない方は、ネットや書籍で「アサーティブネス」を学んでください）。

また私自身、加齢と共に感情のメンテナンスや自分の機嫌をとるコツも学びました。情緒不安定にならないためには、心身ともに無理をしないこと。それでも不安定になった時に必要なのはトラウマと向き合うことじゃなく、屁をこいて寝ること。朝日がさせば冷静で健全な思考が戻ります。

そして爆発しそうな時はいったん頭を冷やすこと。不機嫌玉が炸裂《さくれつ》する時はだいたい空腹だったり眠かったり寒かったりするので、まずはコンディションを整える。そのうえで好きな漫画やＤＶＤを見る・ゆっくりと風呂に浸かる・散歩して外の空気を吸うなどして自分の機嫌をとる。昔は酒を飲んでさらに点火して焼野原になりましたが、今では爆発を事前に回避できるようになりました。逆の立場で考えても、家にキレやすく機嫌の悪い夫がいたら最悪です。そんなわけで、私の人生の目標は「日々機嫌よく生きること」。その目標にしてから体調も肌ツヤもよくて快便です。

周りの素敵なアラフォーの女性たちは、若さにしがみつかず精神的に成熟することで魅力を増している人ばかり。「女は若けりゃ若いほどいい」と公言する男もいますが、そういう男はだいたいバカです。女が幼く未熟な方が自分のバカがバレないし、大したことなくてもスゴイと思ってもらえるから。**若作りしてバカなフリしてバカな男にモテても意味がありません。**私は「女子高生と熟女、どっちが好き？」と男によく質問しますが、それに対して「熟女」と答える男、若い女より年上好きの男の方が「女と手応えのある会話をしたい」と望む、頭のいい人が多い。

昨今の熟女ブームは寿ぐべきこと。アラフォーに追い風が吹く今、同胞女子諸君よ、この風に乗って羽ばたこうではないですか！

第六章　幸せな恋ができない！

恋の落とし穴にハマらないための必修科目

「ヤリチンタイプに惹かれてしまい、真面目なオクテ男子を好きになれない」。

オクテ女子からたびたび寄せられる相談です。初心者ほどヤリチンタイプに惹かれるのは、当然といえば当然。彼らは女を喜ばせる手練手管を知っていて、甘い言葉やボディタッチも平気で繰り出すため、魅力がわかりやすいから。一方、好きな女子の前ほど余裕をなくし不器用になるのがオクテ男子。

ヤリチンとオクテ男子は、チョコとスルメのようなもの。チョコは見た目も美味しそうだし、口に入れた瞬間甘さが広がる（でもあっという間にとけてなくなる）。スルメは嚙めば嚙むほど味が出るけど、ぱっと見マズそうなので嚙む気にならないし、わざわざ嚙むのが面倒くさい。けれども大人の皆さんは、食わず嫌いはやめて試しに食べてみましょう。オクテ男子の「わかりにくい魅力」を発掘する心意気が、磨けば光る原石を見つけるためには不可欠です。

また**「結婚したいのに、モテる男に遊ばれるだけで本命になれない」**という相談も寄せられます。**モテる男にとって、結婚はタクシーのようなもの。**女は運命の相手と出会って結婚を夢見るけれど、モテる男は自分が結婚したい時に結婚します。「さんざん遊んだし周りも結婚していくし、そろそろかな」と手を挙げたタイミングで通りかかったタクシーに乗る。そしてモテる男は交通量の多い道を歩いているためタクシーを選び放題。だから「この女と別れてもすぐ次が現われる」と平気で乗り捨てるし、さくっと別の女に乗り換える。

一方、オクテ男子はタクシーがめったに通らない道を歩いているため、こちらが停まると喜んで乗車して「乗せてくれてありがとう」と感謝して大切にしてくれます。なのでくどいけれど、食わず嫌いはやめましょう。

そのうえで、ヤリチンタイプから身を守ってください。**ガードの甘い初心者は、恋**

愛の落とし穴（ヤリ捨て・不倫・セフレ・モラハラなど）にハマってしまいがち。人には傷つく権利も失敗する権利もありますが、辛い経験がトラウマになって恋愛できなくなる女子もいます。それに「不特定多数と性行為する男に限ってコンドームをつけない」というデータもあるそうで、とんだバイオハザードだ。

恋愛工学のような「いかにヤルか」という教えが広まる中、女子には「いかにヤラせないか」を学んで自己防衛してほしい。恋の公道に出る前に、続いての必修科目を頭に叩きこんでください。

▽ヤリチンの見分け方と撃退法

昔テレビでお笑い芸人が「ヤリたかったら『好き』とか『付き合おう』とか言うに決まってるやんな、こっちは必死やねんから」と話していて、周りの男芸人たちも笑いながら聞いていました。ヤルためにはどんな嘘でもつくし、それに罪の意識のない男もいます。もし女芸人が同じことを言ったら総スカンを食らうでしょう。かように男社会はヤリチンに甘く、オクテ女子はガードが甘い。

経験豊富な女子は「ガンガン口説いてくる男やスマートで女慣れしてる男はヤリチン」とセンサーが働くけど、オクテ女子はセンサーの感度が低いため「好き」とか「可愛い」とか言われると嬉しくなるし、キスやボディタッチをされるとドキドキして「恋してるかも」と錯覚しがち。また「人間は相手を好きだからセックスをする」という認識があるため、性欲だけでセックスする男の心理がわからない。

ヤリチンは性欲以外の動機でもセックスします。彼らは「ポケモンカードをゲットしたい」という動機で女を口説く。「こんなにカードを集めた俺ってスゲーだろ！」と自己顕示欲や自己愛を満たすために女を利用する。おまえら小学生かって感じですが、そんなヤリチンとのセックスを割り切って楽しめる女子もいます。男をチンポロボまたは財布と思ってる女子や、本命をキープしつつ火遊びを楽しみたい女子。が、彼女らは攻略の難易度が高いので（経験豊富で押しに流されないため）、押しに弱く流されやすいオボこい女子が狙われる。以上を理解したうえで、**ヤリチンを見分けてブロックしましょう。**

もっともわかりやすい特徴は**「初デートでセックスを求めてくる」「セックスを断**

ると2回目がない」の2つです。彼らはヤルことが目的なので「体の相性って大事だよね」「元カノともセックスしてから付き合った」など理屈をつけてヤろうとします。マジメでオクテっぽい女子には「好き」「付き合おう」といった嘘も平気でつく。
よって初デートでセックスを求められたら断りましょう。それで2回目の誘いがなければ「やっぱヤリたいだけだった」と納得がいくでしょう。ヤリチンは効率を求めるので、初デートでヤレない女は深追いしない男が多い。が、粘り強いヤリチンもいるので**「三顧の礼」作戦**をオススメします。3回デートしても股を開かず（キスもしちゃダメですよ）、それでも誘ってくるなら、付き合う意志がある可能性も高い。ただし意地になってるだけの男もいるので、不安がある場合は「十顧の礼」を試しましょう。

それ以外のヤリチンの特徴はこちらです。

・口が上手い
好みだから、周りにいないタイプだから、昔好きだった子に似てるから……等など「誰でも口説くわけじゃなくキミは特別アピール」をしてくる。

・ボディタッチ

やたらと体に触ってくる（手相やマッサージなど超古典的な技を使う男も多い）。人気《ひとけ》のない場所に行くとキスやハグをしてくる。

・下ネタ

やたらとエロ方面の話にもっていきたがる。セックスやオナニーについて質問してくる。

・飲ませようとする

ヤリチン界では「女は酔わせて判断力を鈍らせればヤれる」がお約束。ボトルでワインやシャンパンを頼む男は特に要注意。

・終電に気づかないフリをする

「あ、終電なくなっちゃったね、どうする？」と言うために気づかないフリをする。

・自分の家やホテルに誘う

「何もしないから、そういうつもりじゃないから」と三歳児でもわかる嘘をついて自分の家やホテルに誘う。または「タクシーで家まで送るよ」と女の家までついてきて上がりこむ。

以上はベタなヤリチンの手口です。雰囲気に流されそうな人は、きったねえパンツを穿いていくか無駄毛をフサフサに生やしていきましょう。

ただし、肉食っぽく見えない**「擬態草食」**もいるので注意。彼らは「めったに人を好きにならない」「今まで付き合ったのは3人だけ」「真剣な恋愛しか興味ない」などマジメでオクテなフリをしますが、本当にマジメでオクテな男子は初デートでヤろうとしないので、男の言葉じゃなく行動で判断しましょう。

本来はヤリチンじゃないが、結果的にヤリ捨てする男子もいます。「魔がさすというか、脳がチンポに乗っとられる瞬間があるんです」が彼らの弁。性欲に火がつくと「後先考えず、とにかくヤリてえ！」状態になり、射精が終わって賢者になると「面倒くさいことになったらどうしよう……」と頭を抱える。だったらトイレで抜いてこいや！　と言いたいところですが、男はテストステロン（性欲を司るホルモン）が女の10倍多いらしく、ヤリチンじゃなくとも理性が性欲に負ける瞬間はあると覚えておいてください。

ヤリチンは「騙される女が悪い」と言いますが、彼らは騙しやすい相手を狙います。自分が他人を騙さないから騙す人間の手口がわからないマジメで純粋な子をターゲットにする。お年寄りを狙うオレオレ詐欺と同じですね。ヤリヤリ詐欺被害に遭わないために、続いての撃退法をお試しください。

□**印籠作戦**

ヤリチンは自分より強い者には弱いので、上司の名前などを印籠のようにちらつかせると効果的。**「○○さんに飲みに誘われたって部長に話したら『あいつは手早いから気をつけろよ』って言われました、アハハー」**と先制すれば、ビビッて撤退していきます。

□**ホラ吹き作戦**

仕事で関わりのないヤリチンには**「うちの父、空手五段で蝶野正洋にソックリなんです」などホラを吹くとよろしいです。**「私こう見えて激情型で、浮気した元彼をナイフで軽く刺しちゃったんですよエヘ」といったホラも効果的。

□**おしゃべり作戦**

ヤリチンはコソコソと行動したい生き物なので、何でも話しちゃうおしゃべりな子アピールも効果的。「私、隠し事とか一切できないんで、不倫とか絶対無理ですアッハッハー」と宣言しましょう。

とはいえ、『エイリアン2』のラスボス並みにしぶといヤリチンもいます。ヤリチン界には「強引に迫ればヤレる」という鉄則があり、勃起したペニスを強引に押し付ける「トモダチンコ」なる技まであるそうな。また「女は軽い女と思われないために嫌がってるフリをする」というレイプ犯的な教えもあるので「やめて」と拒否する程度では弱い。「通報すっぞコラ」とドスのきいた声で言い、それでもやめなければその場で110番通報しましょう。

不倫は一番避けるべき落とし穴

「東京の独身女性の4割に不倫経験がある」というデータがあるらしく、不倫がなくなれば婚姻率は上がる説は真実でしょう。不倫にハマって結婚のタイミングを逃す女子やマトモな恋愛ができなくなる女子を山ほど見てきました。

たしかに不倫は蜜の味です。結婚は住宅ローンや家事育児や親戚づきあいといった日常を共有するものだけど、不倫は恋愛やセックスのキラキラした部分だけを味わえる非日常。そのため「これぞ究極の恋……！」と錯覚してしまう女子は多い。

既婚者の側は家庭という安全地帯をキープしつつ恋愛気分を味わえて、若い女とセックスして男としての自信や現役感も味わえて、いいことずくめ。**そんな都合のいい関係を受け入れてくれる女子は少ないため、不倫相手を手放したくなくて全力でサービスする。**結婚できない罪悪感や後ろめたさもあるため、とびきり優しくして甘やかす。それは**やたら孫を甘やかす祖父母と同じで、責任がないから。**そんな無責任な男に甘やかされ贅沢を覚えてしまい、同世代の独身男と恋愛できなくなる女子も多い。

おまけに「手に入らないからほしくなる」という脳の仕組みもあるから厄介。恋愛感情（刺激やときめき）はドーパミンの分泌によって引き出されますが、ドーパミンは報酬系のホルモンなので確実に手に入る相手には出ないそう（よって安定した関係になるとときめきが減るのは自然なこと）。

それに不倫は不安定な関係なので、吊り橋効果も発動する。いつ終わるかわからない不安定感を恋のトキメキと錯覚して「あなたの来るのが遅すぎたのよ、これが運命だなんてひどすぎるわ」と妄言を吐き「ララァ、奴との戯言はやめろ！」とシャアにブチ切れられて……ってガンダムネタとかわかんないですよね。

なんにせよ、不倫男は嘘が得意です。彼らの目的は安全地帯をキープしつつ恋愛気分を味わうことで、はなから家庭を壊す気などない。が、そんな本音はもちろん隠して「離婚したくてもできない理由」をでっち上げる。「妻との関係は冷え切っているが、子どもや家族や金銭的事情によって別れられない」がテンプレートで、子どもや家族が病気だと嘘つく男も多いので「大変な彼を支えたい」なんて騙されちゃいけませんよ。知り合いの女性も「子どもが重い病気だから離婚できない」「でもキミがいないと生きていけない」「妻より先に出会っていれば」と言われつつ何年も不倫を続け、嫁バレした途端ＬＩＮＥで別れを告げられました。

また**「自分もいいとこどりして楽しもう」と思っていたはずがまんまとハマってし**

まい、ミイラ取りがミイラになる女子もいます。蜜の味と脳内ホルモンの作用は強力なので、麻薬のようにやめられなくなるリスクは高い。恋愛に免疫のないオクテ女子は特に注意しましょう。「セックスは絶対しない、たまにデートして恋愛気分を味わうだけ」と固く誓っていても、好きな男にキスとかされるとポーッとなるし、その状態で「今夜は一緒にいたい」と囁《ささや》かれて拒否するのは至難の業。それで最初で最後と思ってセックスすると気分は絶頂に達し、ダメだと思いつつズルズルとハマっていく……というのは死ぬほど気持ちいいでしょう。丑三《うしみ》つ時にペヤング一気食いするより気持ちいいでしょう。が、その快楽と引き換えに大切なものを失うリスクをお忘れなく。

既婚者側が遊び慣れてない場合、速攻で嫁バレするリスクも高い。「女の浮気はバレないが男の浮気はバレる」というように、女は勘が鋭いので「こいつ色気づいてんな」と夫の変化を察知します。そして脇の甘い夫のスマホやPCから不倫相手をつきとめ職場に乗り込んだり慰謝料請求する妻、というのは珍しい話じゃなく不倫あるあるです。

独身だと騙して口説く男も多いので注意しましょう。彼らは既婚者だとバレても

「妻とは別居状態でもうすぐ離婚が成立する」と嘘を重ねます。だから少しでも変だと感じたら、自分の勘を信じるべき。色恋がらみの悪い勘はだいたい当たるので、「俺のこと信じられないの？」と罪悪感に訴えられても信用せずに事実関係を調べましょう。ナイトスクープにハガキを出しても採用されないので、みずからSNS探偵になるか周辺に聞き込むなどして調査してください。

大きな地震が起きた時、既婚者が一番に電話して安否を確認するのも、停電の一夜を共に過ごすのも家族でしょう。3・11以降、震災婚という言葉が流行った陰で、別れた不倫カップルも多かったはず。「そういうの頭ではわかってるけど、既婚者を好きになってしまった」という女子は、**経験豊富な年上女性に相談するのがオススメ**。彼女らは不倫の無残な末路をさんざん見てきたため的確なアドバイスをくれます。「好き」は思考停止を招くワードで「だって好きなんだもん」と言われたら「じゃあしかたないよね」で終わりがち。そこで「そんなもん脳の錯覚だ、笑止！」とズケズケ言ってくれる人を大事にしてください。ズケズケ言うのが得意な年増とオカマは役に立つので、ブレーンに加えてくださいね。

私が勤めていた広告会社も不倫の魔窟《まくつ》でした。〝妖怪・妻とはもう何年もセックスレスだから〟が百鬼夜行する中で私が不倫穴にハマらなかったのは、既婚者に口説かれても「おまえばっかり得してワシ損だらけやないかい！」と思ったから。Ｐ41で脳内に関西のおばちゃんを飼おうと提案しましたが、浪速《なにわ》の商人を飼うこともオススメします。

セフレ穴から脱出する方法

ここ10年ほど、いろんな媒体で読者の相談に答えてますが、**男子はペニスの悩み、女子はセフレの悩みが一番多い。**

「セフレ＝都合のいい女」の落とし穴にハマらないために、Ｐ164の「三顧の礼」作戦で見分けてください。「付き合わないとセックスしないとか言う女って萎えるよな〜」なんて男の戯言には屁でもかまして「付き合わないとセックスしない！」を貫いてほしい。なぜなら、**付き合える相手とはセックスしなくても付き合えるから。そして、好きな男とセックスして付き合えないと女は傷つくから。**その傷を埋めたくて

（実際は広がる一方なのに）都合のいい女としてセックスするうちに執着が増して離れられなくなり、セフレ状態から抜け出せなくなる女子を多数見てきました。

セフレ穴からの脱出が難しいのは「いつか本命になれるかも」と期待してしまうから。けれども、セフレから本命になれる可能性は限りなく低い。**一度値下げした商品は二度と値上げできないから。**セフレは「責任とか面倒くさいこと抜きでセックスできますよ〜!!」と大安売りしてしまった状態で、そこから正規料金を支払わせるのはほぼ不可能。

男も本気で手放したくない女なら最初から独占契約を結ぶわけで、そうじゃないからセフレなのです。「究極の都合のいい女になれば本命になれる」とのたまう男もいるけど、それこそ都合のいい詭弁《きべん》で、現実は「ここまでやってもオッケーな女」とどんどんナメられるだけ。よしんば本命になれたとしても、都合のいい女じゃなくなれば即返品されます。そもそもセフレを作る男とは「己の欲望を満たすために女を利用する男」「自分が一番可愛くて自分以外愛せない男」であり、その本性は変わりません。

だから**「本命になれるかも、彼が変わってくれるかも」といった期待は捨てるべき。**

特に三十代で子どももほしい女性にとって、その賭けはリスクが高すぎます。

結婚して子どももほしいのに「彼のそばにいたいから」とセフレを続けていた友人は、40歳になった時に「重い」と言われて振られました。一方、別の女友達はセフレと別れた後、婚活して結婚して出産しました。前者は「将来、結婚して子どもをもつこと」よりも「今、その男といること」を選んだのであり、みずからの選択の結果として未来がある。**「何も捨てることができない人には、何も変えることはできない」**とアルミンも言ってます（『進撃の巨人』の話です）。

セフレとパートナーの最大の違いは「自分が本当に大変な時に支えてくれるか」だと思います。病気になったりトラブルが起きた時に「心配してる、そばにいたい」と電話やメールで言うのと、心配してそばにいてくれるのとでは全然違う。「そばにいたい」というメールはそばに別の女がいても指一本で打てるわけで、男の本音を見極めるには言葉じゃなく行動で判断しましょう。

見極めが難しい場合はドッキリを仕掛けてはどうか。「事故に遭って入院することになりました！」とホラを吹いてみるとか。名づけて「ウォール・ローゼが突破されました作戦」。そこで自己都合を優先する男とは人生を歩めないと悟るでしょう。でもまあ、その作戦を決行できる女はとっくに別れてるんですよね。

みんな心の底では「自分を利用している男が大変な時に支えてくれるわけがない、都合が悪くなったら切り捨てられる」とわかっていて、それでも別れないのは、我慢することに慣れてしまっているから。

恋愛において我慢強さはマイナスに働くことが多い。我慢強い女子はクソみたいな石の上にも三年乗ってしまいがち。それで傷ついても「私に彼を受け入れる器がなかった」といらぬ自己反省をしてさらに自己評価が下がり幸せな恋愛ができなくなる。一方「こんな石、乗ってられっか！」と飛び降りて、ついでにハンマーで砕くぐらいの女子は大丈夫。落とし穴にハマっても最終的に脱出できます。

セフレと別れるのには相当のパワーがいります。喪失感から心に穴が開くし、次はないんじゃないかと不安になるし、別れようとしたら引き止めてくる男も多いし。でも引き止めるのも愛情ではなく、都合のいい女をキープしておきたいだけ。そう頭ではわかっていても「優しい時もあったのに」と良い記憶にすがってしまうもの。でも**人間は別れ際に本性が出ます。**今の彼が本当の彼であり、過去の優しかった彼は青春の幻影だったと認めるしかない。そのためにも未来を真剣に考えましょう。ズルズル流されて思考を放棄していると未来にツケが回ってきます。いったん立ち止まって「どんな未来がほしいのか」「そのために今何をすべきか」を整理してください。

以前、読者の方からこんなメールをいただきました。〈アルさんの本を読んでセフレと別れました。付き合ってるのか付き合ってないのかわからないとか、会いたいけど重たがられるから言えないとか、そばにいる人がいつ裏切るか分からないとか……そういうストレスがどんなに自分を痛めつけていたかようやく気づけました。これって本当の本当に辛いことだったんだなと。素直に愛情を表せない関係ってものすごくしんどいです〉

私も「彼といられれば辛くても平気」と寝言を言って、都合の良い女になっていた時期がありました。でも本当は全然平気じゃなくて、別れた後にダメージに気づいた。相手に合わせないと愛されないと思い続けると「そのままの自分は愛されない存在」と自己評価が下がり、男の前で素を出せなくなる。そんな恋愛地獄をさまよった後、夫に出会ってようやく「寂しいとか会いたいとか素直に言えて、ケンカしても仲直りできる、そんなふうに信頼できる相手じゃないと続かない」と悟ったのです。

「セフレでもいないよりマシ」と言う女子がいますが、本当はいない方がマシなのです。自分ばかり損して納得いかないと思っても、それで別れないとすり減る一方。ギャンブルと同様**「負けを取り戻そう」と粘ると損害が膨らむ**ので、どこかで損切りしなきゃいけない。そうじゃないと新規との出会いのチャンスも逃してしまう。

古い男をリリースしないと新しい男はキャッチできません。特にマジメで不器用な女子は、ひとつの恋を終わらせないと次に進めないもの。マジメゆえに「もっと頑張れば本命になれるかも」と粘るし、不器用ゆえに「この人と別れると次はないかも」と執着する。そんな女子が**セフレと別れるコツは、別れること**です。

なんだそれ一休さんかよと思うでしょうが、「脳は体に騙される」という仕組みがあります。たとえば朝「起きよう」と脳にスイッチが入るから起きるんじゃなく、体が起きるから「起きよう」と脳にスイッチが入る。私もベッドから転がり落ちて二本足で立つようにしたら起きられるようになりました。ベッドに寝そべってるうちは目が覚めないのと同様、付き合ってるうちは別れようと思えない。**物理的に別れること**

で**「別れよう」とスイッチが入って、気持ちが切り替わる。**なのでゴチャゴチャ考えず、とりあえず勢いで別れましょう。勢いのある人物、坂本龍馬などに憑依《ひょうい》されたつもりで「こいつと別れんと夜明けは来んぜよ!!」と叫び、**相手に別離メールを送って着信拒否してスマホのデータも全削除。スマホを仏壇や金庫等にしまってから、3日ほど小旅行に出かけるとベストです。**龍馬の墓を訪ねてみてもよいでしょう。旅から戻った時はきっと以前の自分とは変わっているはずですよ。

モラハラ対策にはネットストーカー！

「だめんず好き」という言葉がありますが、だめんずとわかって好きになる女性はほぼおらず、基本は付き合った後に男の本性が表れます。だめんずの中でも、ＤＶ（心理的な暴力を含む）や過剰な束縛といったモラハラ行為で女を支配しようとする男には全力で注意してください。ＤＶで逮捕された夫の多くが「人当たりのいい人物だった」と言われるように、彼らは外面がとても良い。女に取り入るのも得意なので「優しくて誠実な理想の王子様キターーー！」と誤解してしまう女性も多い。では、どうすれば彼らの本性を見抜けるのか？

元カノにヒアリングできるとベストですが、現実は難しいもの（元カノたちの証言を集めたデータベースがあればモラハラ被害は激減すると思うのですが）。共通の友人知人がいる場合は、積極的に聞きこみしてください。「情報ソースは絶対明かさないから」と約束すれば「あいつはやめといた方がいいよ、前の彼女に対しても……」など有力な証言を得られることも。

共通の知り合いがいない場合は、ネットストーカーになるのがオススメ。**相手のSNSやブログを徹底的にチェックして「この発言はどうなの？」と引っかかる部分があれば、経験豊富な女友達に意見を求めましょう。**「この男は支配系っぽいからやめといた方がいいよ」と言われたら、やめといた方がいいです。というのも、赤の他人の意見の方がだいたい正しいから。気になる異性に対しては恋は盲目フォーカスが作動して「支配系↓男らしい」など好意的に解釈しがち。それでうっかり穴にハマると、命の危機に瀕することも。

私もモラハラ騒動に巻き込まれ、命の危機に瀕したことがあります。昔、女友達が過剰な束縛をする彼氏に別れを告げたところ、マンションの前で待ち伏せされるようになった。怖がる彼女を心配して家に泊まりに行くと、なんと夜中、そいつが外壁をよじ登ってきやがった。スパイダーマンか！　すぐさま通報して武器になりそうなフライパンなど物色していたところ、そいつが窓を割って侵入してきやがった。ジャッキー・チェンか！　その直後、パトカーのサイレンの音が聞こえて「兵庫県警、仕事が早い」と感心しました。

と笑い事のように書いてるけど、笑い事じゃありません。モラハラ男と付き合う女子の中には、支配を愛情と混同している人もいます。「彼は愛してるから殴るんだ」と錯覚したり、束縛されないと「私のこと愛してないの？」と不安になったり。DVも束縛も恋人を自分の所有物だと考えているからであり「俺のモノだから好きに扱っていい」「勝手なことをするのは許さない」という心理。それを愛情と誤認する女子の話を聞いていると、親の影響を感じることが多い。子どもの頃から親に過剰な束縛やDVを受けて「おまえを愛してるから」と刷り込まれ、洗脳されてしまった人たち。そういう人は支配される状態に慣れてしまって支配されないと不安になるため、異性と尊重しあう対等な関係を築きづらくなる。

心当たりのある人は、専門家の本を読んで正しい知識を得てください。カウンセリングや自助グループを利用するのもオススメです。

もちろん一番いいのは、支配系の男に狙われないこと。クソ男どもは自分より弱そうな女をターゲットにします。痴漢等の性犯罪に遭うのは派手で露出度の高い女性と思われがちですが、実際はおとなしそうな女性、抵抗できなさそうな女性が狙われる。逆に「触ったら貴様の指をへし折るぞ！」と闘気を発している女性は狙われにくい。ちなみに私は「私を傷つけるような男はぶっ殺す」が基本理念で、去年も露出狂に遭遇して全力で追いかけたが取り逃がし、警察に通報したら「捕まえるのは警察の仕事だから、追いかけないで」と注意されました。

支配系の男も「貴様の思い通りにさせるかぁ!!」と闘気を発することでブロックできます。闘気を高める方法として格闘技を習うのもオススメ。格闘技を習うと闘争本能が湧いてきて「かかってこいや！」って気になるから。

『北斗の拳』のラオウは闘気のみで敵をバラバラに粉砕しました。そしてラオウにしてもケンシロウにしても、漢《おとこ》の中の漢は弱い者を守るのです。自分より弱い者を狙って支配したがる男、そんな連中のオラオラした態度を「男らしい」などと錯覚しないでください。

ただし一見オラオラしてない支配系もいて、厄介なのはむしろ「優しい理解者のフリをした支配者」。彼らは傾聴&共感テクを駆使して女に近づき、ズバッとキツい指摘をしたりしてアメとムチを使い分ける。すると女子は「本当の私をわかってくれるのは彼だけ、彼といると成長できる」と錯覚してしまう。

でも男の方は女を依存させて利用したいか、「女を救える俺ってスゲー」と教祖気分に酔いたいだけ。そこには自己愛しかないので、女が重くなったら切り捨てます。相手の弱みにつけこみ信頼させてから裏切るなんて、捨て猫を拾ってまた捨てるようなもの。経験値の低い女子や自己肯定感の低い女子は、この手の男に丸め込まれやすいので注意しましょう。

これらの男たちに共通するのは、自分しか愛せないこと。他人を愛せない人間なのだから「〇〇すれば愛してくれるかも」と粉骨砕身しても無駄なのです。自分しか愛せない男に恋した女子は愛情の飢餓状態に陥るため、たまにエサ＝報酬を与えられると「やっぱり彼しかいない」と依存するし、男に振り回されるジェットコースター感覚を「激しい恋」と錯覚しがち。このメカニズムを事前に知っておけば、落とし穴にハマって大怪我せずにすみます。それにしても、女の生きる道は冥府魔道ですなあ。続いては、私が瀕死の大怪我から生還した話をします。

失恋地獄の乗り越え方＆元彼を成仏させる方法

25歳の時、10歳年上の某《ぼう》クリエイターに失恋した私は頭がおかしくなりました。仮にT氏と呼びますと、T氏は入社以来ずっと憧れていた先輩でした。彼はとても仕事のできる人で、若くて自信のなかった私は「この人なら私を導いてくれる」と教祖のように崇《あが》めてしまった。そんな相手から「一生そばにいてほしい」と求愛されたら、そりゃ有頂天にもなりますわな。

が、有頂天の直後に地獄へ転落。T氏に呼び出されてセックスして終わったら即帰される。シャワーも浴びさせてもらえない。そんなデリヘル以下のお付き合いが始まり「無料穴かよ！　ふざけんな！」と本音は思いつつ「短い時間でもそばにいられたら幸せ」などと抜かしていたので、恋は人を激烈バカにしますね。

彼の言った「一生そばにいてほしい」は「俺に都合のいい形であれば」という条件付きだったため、私の存在が重くなると「俺にはおまえを幸せにできない」と別れを告げられました、メールで。「メールかよ！　ふざんけんな！」とガラパゴス携帯片手に叫びつつ、激烈バカは「私にとってはTさんのそばにいられることが幸せです」と返信。その返信ももちろん無視され、さらなる無間《むげん》地獄へと転落。

ろくに睡眠も食事もとれなくなり、道に倒れて誰かの名を呼び続けるユリアをシンに奪われたケンシロウのような状態に。見かねた女友達がコンパに連れ出してくれても「やっぱりTさんじゃなきゃダメ……」と号泣しながら帰り、道ですっころんで前歯を折りました。

げっ歯類じゃないので、失った歯は二度と生えてきません。ミルキーは差し歯をもっていかれるので食べられない。けれども失恋後、自分と向き合ったことでわかったことがあります。

私が好きだったのは「教祖として理想化した彼」であり、だからひどい扱いを受けても「本当の彼はそうじゃない」と信じたかった。そんなふうに偶像崇拝したのは、自分以外の何かにすがりたかったから。自分を救うのは自分という覚悟がなかったから。仕事に自信もなく逃げたかったから教祖の妻の座がほしかったし、他人に人生を丸投げして乗っかりたかった。結局、彼じゃなく自分の問題だった。

人前では自立したキャリア女ぶりつつ、本音は男にぶら下がりたかった自分。そんな自分はみっともなくて目を背けたかったけど、向き合わないと前に進めなかったと思います。失敗は何度してもいいけど、失敗から学ばないと幸せになれない。私もさんざん失敗して痛い目に遭ったから、夫の良さに気づけたのでしょう。

というわけで「反省しても後悔はしない」と綺麗事を言うのはやめましょう。人は「なんであんな男と付き合ってもうたんや、ウオー!!」と死ぬほど後悔するから、とことん自分と向き合える。「過去は振り返らず前に進みます」とキラキラ言うのは、臭い物に蓋をして痛みから逃げているだけ。人はみっともない自分を直視しないと学べないし、過去を否定するのは辛くても、きっちり振り返らないと同じ失敗を繰り返す。

「PDCAサイクル」というマネジメント用語があります。PLAN（計画）→DO（実行）→CHECK（検証）→ACTION（改善）のサイクルで成果を上げるという考え方。C（検証）とA（改善）が特に重要で、それなくして結果を得られないのは仕事も恋愛も同じでしょう。

などと差し歯が偉そうに語ってすみませんね。「自分と向き合うことで前に進めた」と書いたけど、失恋から立ち直るには時間が必要です。3ヵ月ぐらいは息してるだけで拷問なので、じりじりと時間が過ぎるのを待つしかない。その間、私がひっそり息をひきとらずにすんだのは、女友達とガンダムのお陰でした。

失恋直後「彼には感謝もしてる、それに殴られたとかお金盗られたとかじゃないし……」とウダウダ言う私に、**女友達が「あいつは大変なものを傷つけた、あんたの心だ！」と銭形のように怒ってくれて「自分は踏みにじられていい人間じゃない」と自尊心を回復できました。**友人たちは失恋旅行にも付き合ってくれて、旅先で朝、ひとりで海岸を歩きながら「大事に思ってくれる人がいるのだから、私も私を大事にしなければ、彼への未練を断ち切ろう」と決意。その誓いを忘れないために綺麗な貝殻を拾いました。その後、宿に戻ったら「洗面所にゴミあったからほかしたで」と貝殻は捨てられていました。珍しく乙女な行動をしたらこのザマか。

失恋の乗り越え方は人それぞれ。異性のいる場に出かけて「男は彼だけじゃない」と実感することで希望の光が差す人もいます。ただし溺れる者は糞をもつかむで、クソ男に引っかかる二次被害には要注意。今はヤバそうと思うなら同性の友人と過ごしましょう。

何かに没頭してやり過ごす人もいます。私は昔から辛い時は二次元に逃避していました。T氏に失恋した後はガンダムのDVDを見続けて、すると脳内が宇宙世紀で満たされて彼のことを考えずにすんだ。それにドズルやランバ・ラルのような漢の中の漢と比べると「あんな男、カスであると!」と思えた。そうやって立ち直るまでの時間を稼いで、その数年後にガンダムの着メロがキッカケで夫と出会ったのだから、人生とは珍奇なものです。

失恋後は貝殻を拾うなど乙女な行動をするより「カスであると!」と呪詛を吐くの

がオススメです。一度は好きになった男を悪く思いたくないし過去を否定するのは辛いけれど、思い出を美化しても「彼以上に愛せる人はいない」と堂々巡りになっていいことがない。

失恋で傷ついた女子には「許さなくていい」と言いたいです。傷ついたら相手を憎んで恨んで当然なのに「許すのが正しい、許すべきだ」と思って、許せない自分にますます苦しむなんてバカげている。それに許そうと思って許すのは、本当の許しではありません。本当の許しとは、どうでもよくなること。

失恋直後は「彼には幸せになってほしい」と呟いた3秒後に「すべての地獄を味わって死ね！」と叫んでいたのが、「あいつが死のうが生きようがどうでもええわ」と心から思える日がやってくる、それが許すということ。

T氏に振られた数年後、彼がとあるインタビューで「仕事のできる男の条件は？」と聞かれて「必要のないものを切り捨てる能力」と答えてるのを読んで「私は切り捨てられたのね」と平然と思いました。心が微動だにしなかったのは、私にとってもうどうでもいい存在だったから。愛憎も怨念も執着も自然消滅してしまった、それが本当に許すという状態。許しは勝手にやってくるものだから、無理に許そうとしなくていいんです。

　何より一番は、自分が幸せになること。「幸福に暮らすことが最高の復讐」というスペインのことわざがありますが、現在が幸福であれば過去の記憶が蘇っても「今が幸せだし、まあいっか」と思えるものだから。


　とはいえ、元彼への怨念を成仏させられず苦しむ女子もいます。それも怨念を抱く自分自身への嫌悪感や罪悪感が大きいので「恨んで憎んでオッケー」と己に許可しましょう。

脳内は不可侵領域で、何をしようが自由。自分を傷つけた相手をどんな方法で殺戮《さつりく》しようがかまわない。大蛇に丸飲みされてしまえと呪っても、元彼の家に大蛇を放たなければいいのです。人権蹂躙《じんけんじゅうりん》されたら殺意を抱くのが自然なのに「殺したいなんて思っちゃダメだ」と抑圧するからマジで殺しちゃったりするんです。マイナスな感情は一人で抱えていると膨らむので、爆発する前に吐き出しましょう。

　日本人は建前好き&正論好きで、Jポップも「別れても幸せを祈ってる」系の失恋ソングが溢れている。一方、西洋の歌姫テイラー・スウィフトなんて元彼へのリベンジソングを歌ってガッポガッポ稼いでいるし、国民も「ええぞ、もっと言うたれ！」と大フィーバーしている。そんなスウィフト嬢をお手本に「あなたの幸せを祈ってる」なんて綺麗事じゃなく「あなたに生霊を飛ばしてる」といったリベンジソングを作曲してはどうか。その動画をネットにアップすれば面白いんじゃないでしょうか。

そもそも建前や正論はつまらなくて「彼のお陰で成長できた」とか言われてもクスリとも笑えないが、「地獄のプールで鬼と水泳大会でもするがよい！」と叫ばれると景気よく笑えます。笑えればいいのかと思うでしょうが、笑えればいいんです。笑った方がスッキリして元気が出るから。そして、そんな時こそ女友達の出番です。みんなで元彼に「股クサ男《お》」「ビチグソ太郎」といったニックネームをつけて、恨み川柳を詠む会でも開催してはどうでしょう。または『地獄』などの怖い絵本に元彼の写真をアイコラすれば、ゲラッゲラ笑えてスッキリするはず。それで「ま、あいつのお陰でこれだけ笑えたしな」と思うと、いつのまにか怨念が減っています。元彼を成仏させるには、笑い飛ばすのが一番。「失恋のぶんだけ優しくなれる」とか言うけど、べつに優しくならなくていいので、失恋のぶんだけ笑いましょう！

第七章　セックスをしたことがない！

高齢処女の不安をまるっと解決！

第14回出生動向基本調査によりますと、**三十代前半の未婚女性の23・8％が処女、未婚男性の26・1％が童貞なんだとか。**三十代前半独身女性の約4人に1人と聞くと、処女なんてべつに珍しくない気がしますが「高齢処女にコンプレックスがあって、さっさと捨ててしまいたい」という声も寄せられます。それに対して「そう言わず大切にしようよ」と私は言えません。だって自分が大切にしてなかったから。

「女は初めての男を忘れない」なんて男の幻想で、私も含めて「処女なんてどうでもいいや」とテキトーに初体験した女は多い。コンパで会った男と酔った勢いでセックスして「初体験の相手の顔も名前も覚えてない」という女友達もいます。それでも本人が気にしなければオッケーだし、テキトーに初体験して傷つきそうならやめた方がいいし、全ては本人次第。

女子校出身で20歳まで異性と話せなかった女友達は「このままでは日常生活に支障をきたしすぎる」と思い、飲み屋で出会った男性とテキトーに初体験したそうな。その結果「男＝ファンタジーな存在だったのが、男も実在する生命体なんだと実感して普通に話せるようになった」と言います。たしかにどんなイケメンでも寝ながら股間をバリバリ掻いている姿を目撃すれば「実在」の二文字が刻まれるでしょう。このように荒療治が功を奏することもあるっちゃある。

ただし**「高齢処女は引かれるから、早めに脱処女すべきかも」なんて心配はしなくて大丈夫。**現実には「処女は引く」なんて男は少数派です。そういう男は「責任とってとか言われそうでイヤ」「自分本位に楽しみたいから処女とヤルのは面倒くさい」が本音のクソ、または「そんなふうに言うとヤリチンっぽくてカッコいい」と思ってるバカです。

だから処女は引くなんて男とはヤらないのが一番。マトモな男子は「好きな子が処女でも気にしない、というかむしろ嬉しい」という意見。好きな子の初めての男になれたとか、他の男と比べられないとかは、男にとって嬉しいものだから。

「処女だと告白すべきか？」という質問もいただきますが、それも本人が決めること。申告義務があるわけじゃないのだから、言いたければ言えばいいし、言いたくなければ言わなければいい。そして、男は言わなきゃわかりません。

経験の少ない女子と全然ない女子のセックスはほとんど変わりません。非処女でも、慣れてないとか長らくご無沙汰とか膣が小さいとかで痛がる女子はいっぱいいます。それに前戯がヘタな男にぶっこまれたら誰でも痛い（国内の調査によると、15％の女性が「セックス中いつも痛い、大抵痛い」と答え、60％の女性が「たまに痛い」と答えています）。

まれに「初体験でもあまり痛くなかった」という女子もいます。もともと痛みに強いタイプだったり、あとは穴と棒のサイズにもよる。女友達は「初体験でも全然痛くなかった、というか入ってんの？　って感じだった」とおっしゃる。彼女は膣がゆったりサイズらしく「この前、タンポンが行方不明になってさ。どっかに落とした？　と焦ったんだけど、膣の奥の方まで行っちゃってて。財布のチェーンみたいにポケットに紐で結んでおきたいわ」と言っていました。彼女は「どんな巨根でもどんとこい！」と胸を張っています。そんな女子もいる一方、非処女でもタンポンは痛くて使えない人もいるし、本当に人それぞれ。

私は二十代の頃、巨根男性とやって股が裂けそうになり「ギブギブ！」と中断したことがあります。その後、何度かトライしてようやく入った瞬間ドバーッと鮮血が溢れだし「私の血で紅に染まっていけ！」と叫びそうになった。そんなふうに非処女でも出血することはあるし、そもそも初体験で出血する女性は半数以下なんだとか。私も初体験の時はほとんど出血しませんでした。

それにセックスに慣れてない女子や恥ずかしがりやの女子のリアクションは処女と変わらないので「経験者っぽく振る舞おう」なんて気負わなくて大丈夫。「あまり慣れてなくて」と言えば男はむしろ喜びますよ。

とはいえ、初体験が不安だという女子は多いでしょう。不安を軽減したければ、オナニーで自主練するのがオススメ。「女性の6割が初体験の前にオナニーの経験があり、そのうち7割がオーガズムの経験がある」**「初体験の前にオナニーする習慣のあ**

った女性の方がセックスの満足度が高い」というデータもあります。女の性的快感は経験を重ねて学習していくもの。自主練で感じやすい・濡れやすい体にしておけば、初体験のハードルも低くなるんじゃないでしょうか。

ところで皆さん、処女膜がどこにあるかご存じですか？「膣の奥にある膜で、ペニスに貫かれて破れる」と誤解している人もいますが、処女膜は膣の入り口近くにあるヒダ状の粘膜で、長いモノに貫かれて破れるんじゃなく、太いモノが入ることで裂ける（粘膜が損傷する）のです。だから、オナニー時にぶっといバイブを無理クソねじこんだりしなければ大丈夫。

そもそも「処女膜」ってすごく男目線の言葉ですよね。「100人にフェラしても、膣の粘膜が損傷してなきゃバージンなのか？」と問いたい。処女膜という名は江戸時代に杉田玄白が名づけたそうですが、玄白センスねえな。単なる「膣の入り口のヒダ」で肉体の一部なんだから、神聖視や特別視すんなよと思います。あと「処女作」とかって言葉も気味が悪い。なんでいちいち処女なのか、童貞作とは言わないのに……というボヤきはさておき。

女性器やオナニーやセックスについては、拙書『恋愛とセックスで幸せになる　官能女子養成講座』でみっちり解説してますので、よろしければご一読ください。

「病気になりやすい」「女性ホルモンが減る」は全部デタラメ

ヤリチンの書いたモテ本に「最近Hしてる？　Hは体の機能的にすごく大事だから、ずっとしてないのはよくないらしいよ」という口説き文句が載っていました。ほんとクソでバカな野郎どもだな。

高齢処女は病気になりやすいなんてデタラメで、真実は真逆です。**セックスすることで性感染症や子宮頸《けい》がんなどのリスクは高まりますが、セックスしないことでリスクが高まる病気は存在しません。**乳がん・卵巣がん・子宮筋腫といった婦人科系の病気は、出産したことのない女性ほどリスクが高くなります。つまり「性経験」ではなく「妊娠経験」によって差が出るのです。

「恋愛やセックスをすると女性ホルモンが増える」「逆にしていないと女性ホルモン

が減って男性ホルモンが増える」というのもデタラメ。恋愛やセックスをしようがしまいが卵巣は厳密に働いて女性ホルモンを分泌し、その量は毎月の生理リズムに合わせて変動します。

女性ホルモンは増やそうと思って増やせるものじゃないし、健康であればむやみに増えたりもしないし、そもそも「女性ホルモンの量は多い方がいい」というのが誤った俗説。女性ホルモンが急激に増えると排卵や生理のリズムが乱れ、乳がんや子宮がんになるリスクも高まります。

この手のデマが「いいトシした女が彼氏もいないなんて」的なセクハラを助長させ、世の女性にプレッシャーを与えている。「恋愛やセックスが何もないよりはマシ」と言ってクソみたいな男に引っかかる女子もいますが、**「何もないよりはマシ」なんて発想だと本当にほしいものは手に入らない**。「私がほしいものはこんなんじゃない！」と手放す勇気がないと幸せにはなれません。

妊娠のリスクを負うのは女だし、性感染症も女の方がリスクは高い（ペニスと違って膣は中まで洗えないから）。自分がしたけりゃすればいいけど、「セックスしなきゃダメかも」なんて外圧からセックスしちゃダメですよ。「やらずに後悔するより、やって後悔する方がいい」という言葉があるけど、やらない方が全然マシなセックスもある。私なんて「うおーなんであんな男とヤってもうたんや―!!」と幾度壁に頭をぶつけたことか。だからよーく考えてからやりましょうね、と過去の自分に壁ドンしてやりてえ。

漫画『きょうは会社休みます』は、三十代処女コンプレックスをこじらせたヒロインが素敵な年下男子に愛されて自信がつく夢を描いた作品ですが、現実は逆になりがち。**コンプレックスはクソ男につけこまれる原因になります。**

三十代処女だった知り合いは、二十代の年下男につけこまれてセフレにされています。「若い彼がセックスしてくれるんだから」と何でも要求を受け入れ、精液を飲まされたりしてるそうな。精液飲めとか言われたら「テメーがパンに塗って食え！」と言うべきです。べつにパンに塗らなくてもいいけど、イヤなことは拒否しましょう。NOと言える女になることが男につけこまれないカギであり、自分に誇りをもつことが自分を尊重する男に愛されるカギです。

本当にいい男は、尊敬できる女との対等な付き合いを望みます。「こいつは俺がいなきゃダメだから」と嬉しげに語るのは支配系のモラハラ男。彼らは優越感を保つために女を利用したいだけなので、モノ扱いして尊重しない。そういう男には処女厨も多いので注意しましょう。

「セックスに嫌悪感がある」という読者の相談もいただきます。もともと性的なものが苦手な人もいますが、過去にトラウマになるような経験をした人、恋愛やセックスをタブー視する家庭で育った人も少なくない。

トラウマになるような経験をした人は、専門のカウンセラーや自助グループを訪ねてみてください。1人で抱え込んでいるとマイナスな感情や記憶は残り続けるので、絶対に否定されず理解される場で吐き出すことをオススメします。

恋愛やセックスをタブー視する家庭で育ち、嫌悪感や罪悪感を刷り込まれる女性も多い。日本で性的にオープンな家庭は珍しいですが、テレビや書籍に厳しい検閲を設けたり、日記や手紙をチェックするような親もいます。私の幼なじみも「男女交際などもってのほか」という厳格な両親に育てられ、ずっと彼氏がいなかったのですが、

30過ぎると「いい人はいないのか？　そろそろ孫の顔が見たい」と言われて「あんたらが私に恋愛を禁じたんだろう！」と言っていました。そういう親のダブルスタンダードに傷つく女性は多いもの。

親の呪縛を解くには「自分の人生は自分のものだ」と心から気づく必要があります。そのためにはまず、親と物理的にも精神的にも距離を置くこと。「茹でガエルの法則」という言葉があって、カエルをぬるま湯に入れてじわじわ温度を上げるとカエルは茹でられて死んでしまう。一方、熱湯に放りこまれたカエルはピョーンと飛び出して生き延びるそうな。「親に愛情もあって離れられない」という人もいますが、「このままじゃ茹でガエルになっちゃうよ」と思うなら、思い切って距離を置いた方がいい。親と仲良くすることが正解でもないし、「たまに実家に帰ると死にそうになる」という人は結構いるけど、たまにだったら何とかやり過ごせるもの。自分の人生を生きるためにも、本当にほしいものや優先順位を今一度考えてみてくださいね。

参考文献『恋愛とセックスで幸せになる　官能女子養成講座』（アルテイシア　監修／宋美玄　KADOKAWA／メディアファクトリー）

第八章　女らしくできない！

オシャレ初心者が百倍美人になる方法

子どもの頃や思春期は「顔面偏差値」で美醜を判断されるため、コンプレックスをこじらせる女子は多いもの。私も「自分みたいなブスは一生恋愛も結婚もできないのでは」とたいそう怯えていました。が、大人になると「努力点」で差がつくため、同窓会に行くと「あの子が垢抜けた美人に⁉」的な逆転現象がよく見られる。

第一章でも述べましたが、女子校から共学の大学に進んだ私はシノラーファッションをしていました。現代で言うと、きゃりーぱみゅぱみゅ、昔で言うとチンドン屋のようなスタイル。当時の私は「お笑い担当の非モテキャラ」として男にナメられ雑に扱われ、ビクビクと卑屈な態度でした。同時に異性に対する恐怖心や嫌悪感をすくすく育てていた。

しかし「アル子、それすくすく育てるもんちゃう」と思い、ひとまず見た目（服装と髪型とメイク）を変えてみた。すると男からマトモに扱われるようになり、異性と対等に付き合えるようになった。その後、男友達もできたし、初めての彼氏もできました。

そんな紆余曲折から辿りついた結論は**「見た目は女らしくした方が便利」**。

現在の私は黒髪ロングヘアにワンピースが基本スタイルです。そのように**見た目さえ女らしくしていれば、中身が珍獣だろうが海賊だろうが「女らしい」と認識される。**それは「男に媚びるぐらいなら死んだ方がマシだ！」という私にとって、大変便利なことでした。

第一印象が女らしいと、呼吸するようにゲスな下ネタや毒舌を吐いても「意外と男っぽくてサバサバしてるんだな」とプラス評価やギャップ萌えにつながる。男たちよ、そんなにシンプルな脳みそで大丈夫か？　と心配になりますが、我々も見た目がオシャレでイケてる男子にはモテそうな印象を抱くし、その彼が不器用で口下手でも「意外とシャイで真面目なのね」と解釈するので、どっちもどっちだ。

「私は女らしくないから女らしい恰好なんてできない」と言う女子がいますが、私は自分らしい恰好（＝シノラーファッション）をしていた時は自分らしくいられなかった。今の私は**自分らしくいるために女のコスプレをしています**。その方が男に一目置かれて尊重されるから。女性経営者には「イイ女系の鎧をつけて中身は戦国武将」みたいな人が多いけど、その方が有利に戦えるからでしょう。男のためじゃなく自分のために。女らしく振る舞うのが苦手な人にこそ、女らしいファッションを推奨します。

以下はオシャレが得意な人には「初歩的すぎてアクビが出るぜ」な内容ですが、オシャレが苦手な人には役立つと思います。

ワンピースを着ればどうにかなる

オシャレ初心者にはワンピースがオススメ。１枚着れば完成するので、コーディネイトに悩まずにすむから。CLASSY系のこなれカジュアルは人気ですが、あれは小物づかいや着こなしのテクが必要なので初心者には難しい。ボタンをいくつ開けて袖や裾をまくってジュエリーをつけるとか、足したり引いたり計算がややこしいのです。

その点、ワンピースは1枚着るだけで「女らしい雰囲気」が漂う。寒い時はカーディガンやジャケットを羽織ればヨシ。冷え性の私は真冬はワンピースの下にババシャツを着て、貼るカイロミニを6枚貼りしています。お店で食事中に暑くなると「ちょっと失礼」とトイレに行き、べリべリべリーとはがしまくる。

ワンピースはシルエットで選びましょう。**砂時計シルエット＝ウエストが絞ってあるメリハリのあるデザインで、かつ胸元がV開きで鎖骨の見えるものがオススメ。**

ネットで「カシュクールワンピース」と検索すれば、そんな感じのワンピースがいっぱい出てきます。ゆったりめでもウエストさえ絞ってあればメリハリ体型に見える＝女らしい印象になるので、とにかく色や柄よりも「シルエット重視」で選びましょう。

まずはネットで安めのワンピースを試し買いして、似合う服が見つかればそれを着てデパートやファッションビルに行き、店員さんに「こんな感じのワンピースを探してます」と言えば買い物が楽ちんです。

スタイルに自信のない人はアッパッパ、現代で言うチュニックにレギンスやパンツを合わせがちですが、ラインを隠すと逆にもっさり寸胴に見えます。着痩せしたい人や脚を出したくない人は、ワンピースにロングブーツを合わせましょう。ロングブーツを履くと異臭騒動の起こる夏は、フェミニンなマキシワンピースがオススメ。

貧乳でお悩みの方は、ワイヤーブラで寄せて上げてはどうか。胸が出っ張ってる方が砂時計シルエットになりスタイルが良く見えます。好みのわかれるところですが、加齢と共に「垂れる、広がる、削《そ》げる……ヒイッ!」と実感する身としては、寄せ上げを推奨します。

P98で「多少の肌見せはしましょうね」と書きましたが、男は異性の肌が見えた瞬間ドキッとして意識するため、アホみたく効果があります。アホみたくと言いつつ、私も女性のV開きの胸元に華奢《きゃしゃ》なネックレスが光っていたりすると「美しすぎます……」と吸い寄せられる。

また第一印象は、姿勢と笑顔で大きく変わります。**背筋を伸ばして胸を張るだけで美人度は百倍アップするし、口角を上げてニコッと微笑むとさらに百倍。**べつに上目遣いでアヒル口する必要はありません。ちなみに私はアヒル口をすると桂きん枝に似るので鬼門です。

ズボラが美人に変身するテクニック

「毎日メイクや髪に時間をかけるなんて面倒くさくて気絶しそう」という気持ち、よくわかりますよ。私もメイク記事を読むと「こんな細かいことできるか！」と白目を剝き口から泡を出すズボラ人間なので、まつ毛エクステをしています。**まつエクの目パッチリ効果は絶大で、月に1〜2回サロンに行けば、日々のアイメイクの手間が省ける。**

それ以外では「チークで顔色を明るくする」「グロスをマメに塗ってツヤ感キープ」など心がけていますが、餅は餅屋、初心者はプロに習った方が早い。化粧品カウンターは商品を勧められるのが面倒くさいという方は、メイクレッスンがオススメ。

メイクの一回体験レッスンを受けた友人たちは「自分に似合うメイクのやり方を教えてくれて、ものすごく役に立った!!」と口をそろえていました。メイクは一度プロに習うと一気に上達するそうなので、よろしければお試しを。

続いて髪。これも餅は餅屋で、ネットやクチコミで評判のいいヘアサロンを探して、美容師さんに相談するのが一番。美容師さんは客の雰囲気をみて似合う髪型を提案するので、変身後の服とメイクで出かけましょう。

私でいうと、もともとの髪質は剛毛で多毛でモッサリ広がって、早い話が麗子像。でも「髪の毛キレイですね」と言われるのは、縮毛矯正をしているから。これも3ヵ月に一度サロンで施術を受ければ「洗って乾かせばツヤツヤサラサラ」をキープできます。技術進歩、万歳！　ジーク・ジオン!!

私のように剛毛で多毛種、またはクセのある人は縮毛矯正がオススメ。猫っ毛で毛量の少ない人は、ゆるふわパーマがオススメです。ゆるふわパーマをかけると、さっと横結びするだけでもサマになります。私は若い頃、とち狂ってキツめのパーマをかけたら「伝説のギタリスト来日」と友人に言われました。

爪は特に何もしなくていいです。清潔であればオッケー、凝りすぎると男受けしないと言われます……が、私は「爪ぐらい好きにさせろや！」ってことで、ジョジョネイルやガンダムネイルを楽しんでいます。先月はアナルをイメージしたネイルにしました。指先にアナルがあると元気が出ますね。

そうそう、ついでに香水もつけましょう。**アルピニストの野口健氏**は、登山に女性用のシャンプーを持参するんだとか。**「本当にキツくてどうしようもない時、女性用のシャンプーの匂いを嗅ぐとヤル気が出るんですよ！」**という言葉に「この人、バカだけどいい人そうだな」と感じました。それぐらい男は匂いに敏感なので、皆さんもお気に入りの香水を見つけてください。つけすぎに注意して、ふんわり香る程度につけましょう。

昨今はプチプラでも質の良い服やコスメやスキンケア用品が山ほどあります。お金をかけずとも変身可能なので「そんな金があったらゲームに課金するわ」と言わず、課金しながらオシャレも試してください。自意識の葛藤があるかもしれませんが、新しいスタイルにも1週間もすれば慣れますし、周りも見慣れて何も言わなくなります。

かつては私も「男受けファッション？　フン、しゃらくせえ」と鼻くそを飛ばしてましたが、**そこだけ男受け仕様にすれば他で男受けを狙わずにすむと気づきました。**そして性格や言動はそのままの自分を貫いた方が、真にマッチングする男に出会えることもわかった。なのでモテ本を買うより服を買った方がいいです。

ファッションはマインドに大きく影響します。在宅仕事のため、普段はすっぴんで入院患者ファッションの私。それでスーパーに出かけると「知り合いに会いませんように」と猫背でうつむきがちになる。一方、おめかししてる時は「かかってこいや！」と堂々と胸を張って歩ける。すると他人の視線や態度がまるで違って、路上やバーでナンパもされるし、道路工事のおじさんも親切に誘導してくれます。

見た目を変えるのはコミュ力や会話力を磨くより簡単だし、手っ取り早く自信がつく。読者の皆さんからも**「ブス扱いされにくい服装をするだけで、生きるのが格段に楽になりました」**「異性からの扱いがまるで変わってお誘いも増えました、中身は何も変わってないのに」など多くの声が寄せられます。

自分が堂々と胸を張っていられるように、パッケージを変えて百倍美人になってくださいね！

第九章　結婚できない！

改めて、本気で結婚したいと思ったら

「私がほしいのはときめく恋じゃない、本気で『結婚』がしたい！」と思ったら、「結婚する気のある男」を選ぶべきです。

たとえば働く気のない息子に対して、母親がどれだけ手料理でもてなそうが就職の素晴らしさを伝えようが、本人にその気がなければどうしようもない。人は他人の意志を変えることなどできません。結婚も同様「私とだったら変えてくれるかも」と夢見るのはやめて、最初から結婚する意志のある男を探しましょう。**よって本気で結婚したい人は、恋活じゃなく婚活に絞ること。**正社員になりたいのにバイトの面接を受けても、求める結果は得られないから。詳しくは〈第二章　出会いがない！〉（P51）をご参照ください。

現在、彼氏のいる人は相手に結婚の意志があるかを確認しましょう。結婚については「うちの彼女、結婚とか考えてるんスかね～？」とボンヤリにも程があるほどボンヤリしてる男性も多いので、女が主導権を握った方が良い。

その際に大切なのは、**結婚した友人知人の話をする・親からのプレッシャーを匂わすといった外堀作戦はやめること**。逆の立場で考えてみて、彼氏から「同期の誰それが結婚してさー、俺も実家帰った時『あんたはまだなの？』って親に迫られたよ(笑)」と言われたら「だから？　世間体や親のために結婚したいの？　『私』と結婚したいわけじゃなく『結婚』がしたいの？　それって自分の都合を押しつけてるだけでは？」と仏頂面になるでしょう。「キミを好きでずっと一緒にいたいから結婚したい」と言われたら、パヤーと仏面になるのに。

ヘタに策を弄《ろう》すと逆効果です。結婚については、**素のテンションで普通に話すのが一番**。「私はあなたを好きでずっと一緒にいたいから結婚したいと思ってるけど、あなたはどう？」というふうに。男は普通に聞かれると普通に答える生き物なので「俺も一緒にいたいし、結婚したいと思ってるよ」など本音が返ってくるでしょう。そこで「そう、よかった」と笑顔で返して「じゃあさ、具体的な時期のイメージとかってある？」と話し合い、すり合わせていけばオッケー。ヘタに策を弄すと「こいつ騙す気じゃないか？」と相手は身構えて、素直に本音を言わないもの。ダイレクトに結婚話をすると引かれるんじゃ？　と不安がる女性もいますが、それで引いて逃げるような男とはどのみち結婚できません。

とはいえ「俺も結婚したいと思ってるよ、でも今すぐと言われるとう−ん……」と躊躇《ちゅうちょ》する男は多い。理由として「自分がメインで稼いで養わないとダメなのでは？」「お金と時間の自由がなくなるのでは？」「結婚式や引っ越しの準備がクソ面倒なのでは？」といった不安やプレッシャーがあります。それについては**自分の考えを具体的に説明して、話し合うことで解決しましょう**。ここでヘタに嘘をつくと己の首を締めることになります。結婚した後の方が人生は長いのだから、真摯《しんし》に信頼関係を築いていかないと続きません。

逆の立場で考えて「親と同居はしない」と言われてたのに「やっぱり同居したい」と結婚後に言われたら「騙された……!!」と思いますよね。そして「夫に嘘をつかれたことが一番ショックです、彼を信用できなくなりました」と発言小町に投稿するでしょう。発言小町に投稿するような妻にだけはなりたくなかったのに……と、落ち武者のようにうなだれて。嘘をついて結婚しても、信頼関係が壊れて相手が落ち武者になるだけです。

我が家の場合は「結婚式はクソ面倒くさい」で意見が一致したので、婚姻届を出しただけで済ませました（地球連邦政府とジオン共和国政府の間に終戦協定が締結された記念日に提出）。「指輪や新婚旅行に使う金があったら新居の頭金にまわそう」という点も一致して、2人で中古マンションを購入。ローンや不動産手続きは全て私が行い、夫は引っ越し時の大量のゴミ捨てや家具運びで活躍しました。実務能力と運搬力、得意分野で補い合って新生活をスタートした私たち。ちなみに「インテリアに希望はあるか？」と夫に問うと「インテリアって何だ」と根源的な返しをされたので、それも全部私が決めました。

得意分野もそうですが、興味やこだわりのポイントも人それぞれ。たとえば妻が理想のウェディングプランを夫に話して「いいんじゃない、俺はこだわりないからキミが決めなよ」と言われたら、粛々《しゅくしゅく》と自分で進めればよい。「なんで2人のことなのに一緒に考えてくれないの!?　プギーッ」とキレるべきではない。逆の立場で考えて、こちらが興味のないこと、たとえば「新居のオーディオ設備に凝りたい」と夫に言われて「いいんじゃない」と答えた後に「なんで一緒に考えてくれないんだ！」とキレられたら「知るかよ、おまえがやりたいならおまえが勝手にやれ！」と思うでしょう。何事も自分に置き換えて考えれば、建設的に物事が進みます。

結婚後の方が人生は長く険しい道が続きます。**何事も2人で話し合いすり合わせ、役割分担しながら進められる関係じゃないと続かない。**使い古された表現ですが、結婚はゴールじゃなくスタート。結婚後の生活に軸足をおきリアルに考えられる男女が、末永いパートナーシップを築いています。

キラキラ洗脳＝童貞の悪い夢！
リアルに幸せな結婚をする方法

一方で、結婚できないのはキラキラした夢を見ている男女。「朝起きたら味噌汁の匂いがしてさ……」「彼が片膝をついて指輪の箱をパカッと……」と宙を見つめながら語る男女の前には良妻賢母も王子様も現われず、虚空が広がるばかりです。

汚い話で恐縮ですが、私は以前ウイルス性腸炎に罹患《りかん》してウンコを漏らしました（本当に汚い話だな）。「南方《みなかた》先生、ペニシリンをください……！」と呻《うめ》いてもコレラじゃないので、とにかく全部出し切ってウイルスを排出するしかない。その渦中トイレにあと一歩間に合わず、ごく少量をパンツ内にリリース。少量とはいえ成人女性としてはショックで「ウンコを漏らしたー!!」と叫ぶと、駆けつけた夫に「よかったじゃないか」とポンと肩を叩かれ「何がよかってん……」と脱力した脱糞妻。

「ウンコを漏らしてこそ一人前だ」と夫は意味不明なことを言ってましたが、それでも親身に看病してくれました。自分が死ぬほど苦しんでる時に迷惑そうな顔をされたら、百年の恋も冷めるでしょう。

夫婦とは下痢嘔吐している時に看病しあう関係です。結婚して現実を知ると、キラキラした王子様なんて求めないし、夫婦は共に人生を戦うタッグパートナーだと実感します。独身女性は**「あの男わたしが下痢嘔吐キメたらどんな顔するだろう?」**と岡村靖幸風に空想して、パートナーを選んでいただきたい。

が、メディアは女性にキラキラ洗脳をかけてきます。

女性誌には「記念日は夫と思い出のレストランで食事しました☆」と素敵な写真が載っていて「その後、牡蠣《かき》にあたってウンコを漏らしました☆」と後日談が載ることはない。

メディアはキラキラした非日常という一部分のみを切り取るけど、結婚後はリアルな日常が何十年も続きます。その中で自分や夫がウンコを漏らさなくても、子どもが漏らすことはあるでしょう。自分や夫も今は漏らさなくても、老後は漏らすかもしれない。にもかかわらず、「キラキラ女子にならなければキラキラした結婚は手に入らない」と読者に誤解を与えています。

「女磨きして完璧な女にならなければ結婚できない」という誤解も与えていますが、周りのリアル夫婦を見ると、完璧な妻や夫など1人もいません。既婚者が語るのは「夫婦って割れ鍋に綴《と》じ蓋だよね」という言葉。お互いに欠点があってデコボコしてるけど、ピッタリ合う組み合わせ。完璧を目指すのではなく、完璧じゃないままでマッチングする相手を探すのが幸せな結婚のカギ。

ここでいうマッチングも「私たち価値観やライフスタイルがピッタリなんです☆キラキラ〜」と素敵なものではなく、むしろ素敵じゃない部分で合うことが肝心。

たとえばうちの夫婦でいうと、雑加減がピッタリ。私は床に散らかったモノを足で拾ううちに未来少年コナンのように足の指が器用になった者ですが（リモコン操作も足の指でできる）、夫も入浴した後の脱衣所は野生のゴリラが水浴びしたかと疑うほどビッシャビシャ。片方が几帳面だったら3日で離婚協議になったでしょう。

周りの既婚女子も「夫婦共に出不精で家でずっと漫画読んでても平気」とか「とにかく悪口のセンスが合う、夫と一緒に芸能人をディスってると『この人と結婚してよかった……！』と多幸感に包まれる」と言います。お互いに高め合い成長できる相手を探すよりも、「ま、お互い様だよね」と思える相手、カッコつけずにすむ相手を探すのが長続きする結婚のカギ。

「家事や料理の腕を磨いて良妻賢母になれ」というプレッシャーも、結婚のハードルを上げています。

とあるアラサー向け女性誌に「筑前煮の盛りつけテク」が紹介されていました。「茹でた絹さやで躍動感を出し、筍の形をいかして動きをつけ、輪切りレンコンを花形にしてキュートさを添える、すると地味で茶色い皿が華やかな和食に早変わり」という内容でしたが、おそらく躍動感やキュートさに気づく夫はいないし、ろくに皿を見ずムッシャムシャ食われた妻は「褒めろよ!!」とテーブルをひっくり返すんじゃないか。

周りのリアル妻たちは**「いい奥さんをやめたら夫婦仲が良くなった」**と言います。結婚当初はちゃんと朝ごはんを作らなきゃと気張って、味噌汁に焼き魚など用意していたが、夫はあまり喜ばず「こっちは必死で早起きしたのに！」とイラついていた。そこで夫と話し合うと「1秒でも長く寝ていたい」と本音がわかり、朝食作りをやめたら夫婦仲がよくなった……等など。

こういう「頑張るのをやめたら夫婦円満になった」は結婚あるあるです。現実はバナナやシリアルをさっと食べる方が栄養バランスや胃の調子も良かったりするし、夫に合わせて無理に起床するより、布団の中から「いってらっしゃ〜い」と寝ぼけ面で見送る方が相手は嬉しそうだったりする。「夫が寝ている私のオデコにキスして出て行くの」なんてノロケを聞いた方は顔を踏みたくなるでしょうが、まあそういうものです。

心ある夫たちは「奥さんはテキトーでゆるゆるな方がいい、機嫌よく笑顔でいてくれるのが一番だから」と言います。**良妻賢母プレッシャーに囚われていると「私はこんなに頑張ってるのに！」と被害者意識や見返り要求が生まれる。**それで不機嫌になって夫婦仲がギスギスするなんて、バカらしいではないですか。無理しないと続かない関係はいずれ破たんします。パートナーは無理せず機嫌よくいられる相手が一番。

という現場の実感からすると、メディアの提唱する「結婚しても女でいることを忘れず、夫に欲情される存在でいろ」系のメッセージもどうかと思う。

「下着を見える場所に干すな」とか言うけど、だったらどこに干せばいいんだ。私の知る限り、そんなルールを実践している夫婦は1組もいません。

個人差はありますが、未婚者ほど「結婚においてセックスは重要」と言い、既婚者ほど「重要じゃない。それより話し合いができるとか、気づかいや思いやりがある方が2億倍重要」と言います。

セックスレスがお家芸の我が国が、いきなりエロスやアムールの国になるのは無理な話。妊活についても、何でも本音で話し合える夫婦が子宝に恵まれている印象です。「今日は排卵日だからやるぞ！」「おう、じゃ一緒にAV観るか！」と共同作業的に取り組んだ結果、妊娠に至ったという声をよく耳にする。

逆に「セックスは相手に欲情してするべき」という固定観念のある人ほど、セックスレスになる模様。夫が排卵日と告げられると萎えてしまい、その後もプレッシャーで勃たないといった事例はとても多い。妻たちも「毎回、女豹《めひょう》のように迫るなんてできるわけない」「エロいムードの演出とか考えてたら続かない」と言います。

実際、周囲のセックスフルな夫婦はエロくない。「セックスは特別じゃなく日常的な行為」「食事や入浴のような感覚で気軽にやってる」「部屋着や下着もテキトーだし、裸でウロウロしてるけど？」という彼ら彼女ら。そんなふうに肩の力が抜けているから続くのでしょう。私も夏場はクーラーをつけず半裸で過ごしエコ&ロハスと言い張る人間ですが、女性誌は「むやみに裸を見せるな」とおっしゃる。風呂上がりも裸で歩いちゃいけないそうですが、風呂上がりなんて全身から湯気が立ちのぼり、のぼせて顔も真っ赤。それで腰にタオルを巻いて手をパーにしたら金剛力士像、恐れ多くて欲情なんてできないでしょう。なにより「入浴後に自分の家でリラックスできないぐらいなら、独身を選ぶ」と読者は思うんじゃないか。

メディアの提唱する理想の妻は「良妻賢母かつ男に欲情される女」「昼は淑女で夜は娼婦」。**そんなのは童貞の悪い夢みたいなもので、非実在なのです。**「疲れた男を癒す聖母になれ」なんてのもありますね。幸せな結婚をしたければ、そんな幼稚で都合のいい幻想を抱く男を選ばないのが一番。

女性向けメディアはファッションやコスメやエステや美容サプリの広告が大きな収入源のため、「今のままじゃダメ！　もっと綺麗に！　もっと完璧に！　さもなくば結婚できない！」とコンプレックス商法的になりがちです。ただでさえマジメで努力家の女性に「もっと頑張れ！　もっと全力を出せ！」と鬼コーチのように叫び、疲れ果てた彼女らは「もうこれ以上、頑張れない……」とガックリ膝をつく。そして尼僧になるべく頭を丸めガンダーラに旅立つのであった。

ガンダーラに行かなくても「やっぱり私には結婚なんて無理」と心の折れる女性もいるでしょう。でもそれは洗脳されているのです。

洗脳を解くためには、メディアの情報を鵜呑《うの》みにせず、既婚者の生の声を聞いてみてください。「筑前煮をキュートに盛りつけていたら運命の彼に出会えた」なんて人はいないはず。リアル妻たちは「夫とは長い付き合いで今さらトキメキもなかったけど、とにかく一緒にいて楽だったから結婚した」「夫は全然タイプじゃなかったけど、試しに付き合ってみたらしっくりきた。男として好きなタイプと結婚して合うタイプは違うよね」と言います。ドラマチックな出会いから大恋愛の末に結ばれたカップルは見当たらず、仲がいいのは「一緒にいて楽」「気をつかわずにすむ」と口をそろえる友達夫婦。

友情は恋愛感情と違って冷めないし飽きません。男として好きな相手より人として好きな相手の方が嫌いにならないし、期待値が高すぎないぶん「まあ夫婦っても他人だしな」と違いを面白がれる。あとウンコを漏らしても「まあ漏らすよな」と平静でいられるのだと思います。

ここまで読み返して、私の文章ってほんとキラキラしてないなと呆れました。ウンコという単語が頻出するし、夢がないにもほどがある。

でもやっぱり周りを見回すと、ロマンチストよりもリアリスト、プリンセスよりもソルジャータイプの女性が幸せになってます。頭にティアラ&薬指に指輪じゃなく、頭にロングホーン&左手にサイコガンで、人生という戦場を戦う彼女たち。結婚しようが結婚しまいが、そんな女性がオリジナルの幸せをつかむことができるのでしょう。

おわりに

独身時代、女友達と「私たちは自分自身や自分の人生が大切すぎるから、結婚できないのかな」と話し合ったことがあります。でも結婚して10年たった今も、私は自分自身や自分の人生が大切です。ただ、何を捨てられて何を捨てられないかハッキリしました。私にとってハイスペックな彼氏やラグジュアリーなデートや胸がときめく恋や股が痺れるようなセックスは、本当には必要のないものだった。そして本当に必要なもの、好きな仕事や大切な友人や譲れない価値観などは、なにひとつ捨てていません。それらを抱えたまま結婚して、大切なものがさらに増えました。

夫の側も「結婚したら今みたいに格闘技は続けられない」と思っていたらしい。実際、家庭をもったことで練習時間が減ったり、家族に反対されて試合に出られなくなる人も多いそう（過酷な減量やケガのリスクも伴うので）。それもひとつの幸せでしょうが、夫は「だったら一生独身でいい、老後は山小屋でビーグル犬を飼いライフルを所持して暮らそう」と考えていたんだとか。貴様はどこの退役《たいえき》軍人だ。ところが10年前に私と出会い、格闘技仲間に結婚を報告したら「じゃあ弱くなりますね」と言われたそうで「そこは普通おめでとうじゃないのか？」と私が聞くと「おめでとうなんて言う奴は腰抜けだ！」と返され、なんちゅう世界やと思いました。なんちゅう世界やと思いましたが、お互いにとって大切な世界を尊重しながら暮らしてます。私は夫の試合を観に行かないし、夫は私の書いたものを読まない。相手の世界に土足で踏み込んで邪魔したくないからで、それが私と夫にとってベストなカタチなのです。

１００人いれば１００通りの幸せのカタチがあります。恋愛や結婚をしようがしまいが、「自分にとっての幸せは何か？」をわかっていれば納得のいく人生を送れるのでしょう。

ともっともらしい文章を書きつつ、私も「もうイヤだ！　考えるのが面倒くせえ！誰か正解をくれ！」と占いに通った時期がありました。二十代の頃は周りも占いや風水や神社仏閣巡りにハマっており、スピリチュアルは若い女が一度は罹患する風土病なのかもしれない。

知人女性は「占いで今年中に結婚した方がいいと言われたの」と出会って半年の彼氏と結婚して、3ヵ月で離婚しました。理由は性格の不一致。彼女は占い師に背中を押されなければ決められなかったのでしょう。「本当にこの人でいいの？」という不安が心の底にあったから。

不安な時はスピリチュアルに依存してしまいがち。「北半球一のチンカス」と呼ばれるクソ男と付き合っていた女友達は、ゲッソリと頬がこけながら、謎の鉱物や札や鈴を収集していました。「この石を握ってると温かくなるの」と虚ろな目で言う彼女に「それは体温だ、しっかりしろ！」と肩を揺さぶった友人一同。

その後、彼女は北半球と別れて今の夫に出会ったのですが、その時はあんなにハマっていた占いに行かなかったそう。「自分が大丈夫だと思ったら、他人に大丈夫って保証してもらわなくていいんだね」と笑顔で言う彼女に「フェラじわが消えてよかった……！」と安堵した私。

私も夫と結婚を決めた時、占いに行こうという考えすら浮かばなかった。他人に「この人でいいんでしょうか？」と聞かなくても「先のことはわからないけど、この人となら幸せになれるだろう」と自分の決断を信じられたから。それは勘や念や思い込みじゃなく、過去の経験や失敗から導き出した答えでした。

正解は誰かが与えてくれるものじゃなく、頭をぶつけなら自分で手に入れるもの。アラフォーの友人たちは「若いうちにもっと考えときゃよかったな～」と言うけど、これからの人生でいうと今が一番若い。田中邦衛口調で言うなら「やるなら今しかねえ！」だし「やるのは自分しかいねえ！」です。

自分にとっての幸せは？　自分が本当にほしいものは何？　何を捨てられて何は捨てられないのか？　その優先順位は？

本書がそれを考えるヒントになることを願っています。また、本書を読んで「ウンコという単語が頻出するし、下品すぎてもうイヤだ」と思わなければ、恋愛サイトAMの『アルテイシアの恋愛デスマッチ』やニコニコ動画の『アルテイシアの相談室』も覗いてみてください。最後になりましたが、幻冬舎の羽賀千恵さん、デザイナーの赤治絵里さん、最高のイラストを描いてくださった朝倉世界一さん、AM編集部の皆さん、いつもネタや笑いを提供してくれる友人たち、ありがとうございました。なによりこの本を読んでくださった皆さんに心から感謝いたします。ありがとうございました。

この作品はＤｉｖｅｒｓｅ運営の恋愛サイト「ＡＭ」の連載「アルテイシアの恋愛デスマッチ」を大幅に加筆修正し再構成した文庫オリジナルです。

ＪＡＳＲＡＣ　１５１６０２４-９０２

オクテ女子《じょし》のための恋愛《れんあい》基《き》礎《そ》講座《こうざ》

アルテイシア

平成28年2月10日　初版発行
令和元年6月15日　2版発行

発行人――石原正康
編集人――袖山満一子
発行所――株式会社幻冬舎
〒151-0051東京都渋谷区千駄ヶ谷4-9-7
電話　03(5411)6222(営業)
　　　03(5411)6211(編集)
振替00120-8-767643
印刷・製本―中央精版印刷株式会社
装丁者――高橋雅之

幻冬舎文庫

ISBN978-4-344-42429-6　C0195　　あ-57-1

幻冬舎ホームページアドレス　https://www.gentosha.co.jp/
この本に関するご意見・ご感想をメールでお寄せいただく場合は、
comment@gentosha.co.jpまで。